Les Dix Secrets du succès et de la paix intérieure

Données de catalogage avant publication (Canada)

Dyer, Wayne W.,

Les dix secrets du succès et de la paix intérieure

(Collection Vos richesses intérieures)

Traduction de: Dr. Wayne Dyer's 10 secrets for success and inner peace.

ISBN 2-89225-508-2

1. Succès – Aspect religieux. 2. Tranquillité – Aspect religieux. Réalisation de soi – Aspect religieux. I. Titre. II. Collection.

BL65.S84D9314 2003 291.4'4 C2002-941900-X

Cet ouvrage a été publié en langue anglaise sous le titre original:
10 SECRETS FOR SUCCESS AND INNER PEACE
Published and distributed by Hay House, Inc.,
P.O. Box 5100, Carlsbad, California 92018-5100
(800) 654-5126 – (800) 650-5115 (fax)

Dépôts légaux: 1er trimestre 2003
Bibliothèque nationale du Québec
Bibliothèque nationale du Canada
Bibliothèque nationale de France

Conception graphique de la couverture:
OLIVIER LASSER

Version française:
SONIA SCHINDLER

Photocomposition et mise en pages:
COMPOSITION MONIKA, QUÉBEC

ISBN 2-89225-508-2

(Édition originale: ISBN 1-56170-875-5 [version cartonnée],
Hay House, Inc., Carlsbad, California)

Nous reconnaissons l'aide financière du gouvernement du Canada par l'entremise du Programme d'Aide au Développement de l'Industrie de l'Édition pour nos activités d'édition (PADIÉ).

Imprimé au Canada

Wayne W. Dyer

Les Dix Secrets du succès et de la paix intérieure

Les éditions Un monde différent ltée
3925, Grande-Allée
Saint-Hubert (Québec)
Canada J4T 2V8
Tél.: (450) 656-2660
Site Internet:
http://www.umd.ca
Courriel: *info@umd.ca*

Pour ma fille,
Stephanie Louise Dyer,
tu es tout pour moi.

Table des matières

«Bois à petites gorgées ce vin pur que l'on te verse. Reste serein si l'on t'a donné un verre malpropre.»

– Rumi

«Tirez le meilleur parti de ce que la vie vous donne.»

– Virginia Woolf

Introduction

Pas un jour ne se passe sans que je pense à Dieu. Non seulement, j'y pense, mais en plus je ressens Sa présence durant la plupart des moments où je suis éveillé. C'est un sentiment de contentement et de satisfaction qui dépasse tout ce que je pourrais exprimer dans un livre. Je suis arrivé à connaître la paix de l'Esprit dans ma vie et, grâce à cette connaissance, mes préoccupations, mes problèmes, mes réalisations et mes accumulations perdent de leur importance. Dans ce court ouvrage, j'explique les dix principes du succès et de la paix intérieure qui, si vous les maîtrisez et les mettez quotidiennement en application, vous guideront aussi vers le même sentiment de sérénité.

Au cours des trois dernières décennies, on m'a souvent demandé de prendre la parole dans des écoles secondaires et des collèges. Mes lecteurs m'encouragent aussi fréquemment à écrire à l'intention des jeunes qui s'apprêtent à entreprendre le voyage de leur vie d'adulte et à les munir de mes «secrets» du succès et du bonheur.

Lorsque j'ai l'occasion de m'adresser à des jeunes, je leur confie les dix secrets qui figurent dans ce livre. Cependant, ces secrets n'ont de valeur que pour quiconque décide *consciemment* de maîtriser le déroulement de sa vie. Chacun de nous fait ce choix à un moment particulier de son cycle personnel. Pour certains, cela se produit lorsqu'ils sont de jeunes adultes; et pour d'autres, ce moment arrive au cours de cette phase intermédiaire qui les mène à leur maturité. Ces secrets sont applicables, que vous commenciez à emprunter le chemin de la vie, que vous vous approchiez de la fin, ou que vous soyez à n'importe quel point de votre cheminement.

La plupart des livres de cet ordre, ainsi que les discours prononcés lors de la remise des diplômes de fin d'études, soulignent l'importance du travail assidu, du but auquel on se consacre, de la planification financière, des stratégies de relations humaines, du choix de la bonne carrière, de l'obéissance aux aînés, du respect des règles, des objectifs réalistes, d'une vie saine, et d'une vie vécue dans la gratitude. Ce sont là de bons conseils et ils profitent certainement à ceux qui choisissent de les écouter et de les mettre en pratique. Cependant, d'après mon expérience, tant à titre de professeur que de père de 8 enfants âgés de 11 à 33 ans, ce genre de conseil en lui-même pousse les jeunes à se poser la question suivante: *«Est-ce que la vie, ce n'est que ça, au fond?»*

C'est pourquoi je n'ai aucun conseil à vous donner à propos des objectifs, du travail ardu, de la planification de votre avenir financier, ni ne vous encourage à nous obéir à nous autres, les adultes, mais plutôt je vous incite à respecter votre culture, et ce qui s'ensuit. En fait, j'ai presque toujours écouté mes propres impulsions, et j'ai payé le prix pour avoir emprunté la route «la moins fréquentée» et avoir résisté à l'enculturation[1], donc, il serait plutôt hypocrite de ma part de vous dire de faire ce que je dis et de suivre mes règles. Ce que je vous offre de préférence ce sont dix secrets qui permettront à votre esprit de vous guider.

D'après l'expérience que j'ai acquise en travaillant avec toutes sortes de personnes durant

1. Processus de conditionnement conscient ou inconscient par lequel un individu assimile au cours de sa vie les traditions de son groupe et agit en fonction de celles-ci.

plusieurs décennies, un trop grand nombre d'individus choisissent de devenir les membres anonymes du troupeau, et ils souffrent de remords intérieurs qui leur donnent l'impression qu'ils sont des ratés; ils sont remplis de conflits et de ressentiments et se demandent quel est le sens de la vie.

Ainsi, j'ai écrit ce livre dans l'espoir qu'il vous aidera à éviter d'éprouver ces sentiments d'insuffisance et à trouver la paix de Dieu qui est la véritable définition du succès. Lisez ces secrets en ayant le cœur ouvert. Mettez en œuvre ceux qui trouvent en vous un écho, et rejetez les autres.

Lorsque vous vous sentirez paisible et convaincu d'avoir réussi, vous voudrez distribuer autour de vous cette paix et cet amour. La violence, la haine, les préjugés, et les jugements dans notre monde suggèrent que nous avons encore plusieurs kilomètres à parcourir avant d'atteindre un monde de paix intérieure et extérieure.

Je vous envoie de l'amour
et tous les feux verts.

– Wayne W. Dyer

Le premier secret

«Je souhaite dire ce que je pense et ce que je ressens aujourd'hui, à condition que demain, peut-être, je puisse tout contredire.»

– Ralph Waldo Emerson

«Je nourris toujours de grands espoirs.»

– Robert Frost

Que votre esprit soit ouvert à tout et ne s'attache à rien

Le premier secret 1

Que votre esprit soit ouvert à tout et ne s'attache à rien

Garder l'esprit ouvert à tout et ne s'attacher à rien semble être chose facile jusqu'au moment où vous commencez à penser à tout ce conditionnement qui s'est produit dans votre vie, et au nombre de vos pensées actuelles qui ont été influencées par la géographie, les croyances religieuses de vos ancêtres, la couleur de votre peau, la forme de vos yeux, les orientations politiques de vos parents, votre taille, votre sexe, les écoles que l'on a choisies pour vous, et la profession de vos arrière-grands-parents, pour n'énumérer que certaines possibilités.

Vous êtes arrivé ici en simple nouveau-né capable pourtant d'un nombre infini de potentialités. Bon nombre de vos choix demeurent toutefois inexplorés à cause d'un programme de conditionnement, bien intentionné, conçu pour que vous vous adaptiez à la culture de ceux qui prenaient soin de vous. Vous n'avez probablement eu aucune occasion ou presque d'être en désaccord avec les dispositions d'ordre culturel et social qui ont été prises pour votre vie.

Certains adultes vous ont peut-être encouragé à garder un esprit ouvert, mais si vous êtes honnête avec vous-même, vous savez que votre philosophie de la vie, vos convictions religieuses, votre façon de vous vêtir, et votre langage dépendent de ce que votre famille (et son héritage) a déterminé pour vous. Si vous manifestiez des signes d'indocilité à l'égard de ce conditionnement prédéterminé, vous entendiez probablement des voix encore plus insistantes vous intimant de rentrer dans le rang et de faire les choses «comme elles ont toujours été faites». S'adapter l'emportait sur l'esprit ouvert aux nouvelles idées.

Si vos parents étaient juifs, il y a peu de chances qu'ils vous aient élevé en honorant et en respectant la religion musulmane, et vice versa. Si vos deux parents étaient républicains, il est peu probable que vous les ayez entendu chanter les vertus du parti démocratique. Quelles que soient les raisons pourquoi nos ancêtres n'avaient pas d'ouverture d'esprit, il faut dire qu'ils habitaient un monde infiniment moins peuplé que le nôtre.

Dans le monde surpeuplé d'aujourd'hui, nous ne pouvons tout simplement pas continuer à vivre avec ces vieilles habitudes d'étroitesse d'esprit. Je vous invite instamment à ouvrir votre esprit à *toutes* les possibilités, à résister à tous les efforts que l'on fait pour vous assimiler et vous mettre une étiquette, et à interdire au pessimisme de pénétrer dans votre conscience. Avoir un esprit ouvert à tout et attaché à rien me semble être l'un des principes fondamentaux que vous pouvez adopter pour contribuer à la paix individuelle et mondiale.

Personne n'en sait assez pour se permettre d'être un pessimiste

Trouvez l'occasion d'observer un minuscule bourgeon émergeant d'une graine. Lorsque vous le ferez, permettez-vous de ressentir un respect émerveillé devant ce spectacle. Un poète célèbre nommé Rumi a dit: «Vendez votre intelligence et achetez l'étonnement.» La vision d'un bourgeon qui émerge symbolise le début de la vie. Personne sur cette planète n'a la moindre idée de la façon dont tout cela se passe. Quelle est cette étincelle créatrice qui fait germer la vie?

Qui a créé l'observateur, la conscience, l'observation, et la perception elle-même? Les questions sont infinies.

Il n'y a pas longtemps de cela, des habitants de la terre, dans le cadre d'un programme spatial, déplaçaient par télécommande un minuscule véhicule sur la planète Mars. Les signaux invisibles ont mis dix minutes pour traverser l'espace, faire des virages à droite et donner des instructions à une pelle mécanique à godet afin qu'elle ramasse un peu de la poussière de Mars pour qu'on puisse l'examiner. Nous nous sommes tous émerveillés à la vue de ces exploits technologiques. Mais pensez-y un moment. Dans un univers illimité, déplacer un véhicule sur Mars, la planète la plus proche de nous, équivaut à bouger un milliardième de centimètre sur la page que vous lisez! Nous déplaçons un petit véhicule chez un voisin et nous sommes impressionnés par nos capacités.

Dans notre propre galaxie seulement, il y a des milliards et des milliards de planètes, d'objets et d'étoiles, et il existe un nombre incalculable de milliards de galaxies dans l'univers. Nous ne sommes qu'un petit grain de poussière dans un vaste univers incompréhensible et infini. Pensez-y: si nous en trouvions la fin, est-ce qu'il y aurait un mur au bout de l'univers? Et s'il y avait un mur, qui l'aurait construit? Question encore plus ahurissante, qu'est-ce qui se trouve de l'autre côté du mur et quelle est l'épaisseur de ce mur?

Comment peut-on être pessimiste dans un monde dont nous ne savons que si peu de choses? Un cœur commence à battre dans l'utérus d'une mère quelques semaines seulement après la conception, et cela reste un mystère total pour tous les êtres humains de cette planète. En comparaison de tout ce qu'il y a à savoir, nous ne sommes que des embryons. Gardez cela à l'esprit chaque fois que vous rencontrez ceux qui sont absolument certains qu'il n'y a qu'une seule façon de faire les choses.

Résistez au pessimisme. Résistez de toutes vos forces, parce que nous ne savons pratiquement rien du tout en comparaison de tout ce qu'*il y a* à savoir. Pouvez-vous imaginer ce qu'un pessimiste vivant il y a seulement 200 ans dirait aujourd'hui au sujet du monde dans lequel nous vivons? Les avions, l'électricité, les automobiles, la télévision, les télécommandes, le réseau Internet, les télécopieurs, les téléphones, les téléphones portables, et cætera. Tout cela à cause de l'étincelle de l'ouverture d'esprit qui a permis au progrès, à la croissance et à la créativité de s'épanouir.

Et qu'en est-il de l'avenir et de tous *vos* lendemains? Pouvez-vous vous imaginer en train de télécopier au XIVe siècle, en train de voler sans machines, de communiquer par télépathie, de vous démoléculariser et de vous remanier génétiquement dans une autre galaxie, ou de cloner un mouton à partir de la simple photographie d'un mouton?

Un esprit ouvert vous permet d'explorer, de créer et de grandir. Un esprit fermé rejette automatiquement de telles explications créatives. Rappelez-vous que le progrès serait impossible si nous faisions toujours les choses comme on les a toujours faites. La capacité de participer aux miracles – aux vrais miracles dans votre vie – se manifeste lorsque vous ouvrez votre esprit à votre potentiel illimité.

Croire aux miracles

Interdisez-vous de n'avoir que des attentes minimes au sujet de ce que vous êtes capable de créer. Comme l'a dit Michel-Ange, le plus grand danger n'est pas d'avoir de trop grands espoirs et de ne pas arriver à les réaliser; c'est de n'avoir que de trop petits espoirs et de les *réaliser*. Ayez en vous la flamme d'une chandelle imaginaire qui brûle haut et vif quoi qu'il se passe autour de vous. Laissez cette flamme intérieure symboliser votre capacité de faire des miracles dans votre vie.

Chaque fois qu'une personne connaît une guérison spontanée ou fait quelque chose que l'on pensait impossible à réaliser, cet individu est passé en quelque sorte par un changement total de personnalité. En fait, ces personnes ont réécrit leur propre entente avec la réalité. Pour faire l'expérience de miracles divins et spontanés, vous devez avoir le sentiment que vous êtes vous-même divin. Il est dit dans les Écritures: «Avec Dieu toutes choses sont possibles.»

Dites-moi maintenant, qu'est-ce que cela peut bien exclure? Un esprit qui est ouvert à tout signifie que l'on est paisible, que l'on rayonne d'amour, que l'on sait pardonner, que l'on est généreux, que l'on respecte toutes formes de vie et – le plus important de tout encore – que l'on se perçoit comme étant capable de faire tout ce que l'on peut concevoir dans son esprit et dans son cœur.

Quelle que soit la loi universelle qui ait été utilisée pour qu'un miracle se manifeste n'importe où, à n'importe quel moment, et chez n'importe quelle personne, cette loi figure encore dans les livres. Elle n'a jamais été abolie et elle ne le sera jamais: Vous possédez la même énergie, la même conscience de Dieu, qui vous permet d'être un faiseur de miracles – mais seulement si vous y croyez vraiment et que vous le savez profondément.

Comprenez que ce à quoi vous pensez s'amplifie («L'homme est le reflet de ses pensées»). Si vos pensées sont pleines de doutes et que vous avez un esprit fermé, vous allez nécessairement agir selon ces doutes et avec cet esprit fermé, et vous verrez pratiquement partout où vous irez les preuves de votre façon de penser.

Par contre, si vous décidez (ne vous y trompez pas, *c'est* un choix) d'avoir l'esprit ouvert à tout, alors vous agirez avec cette énergie intérieure, et vous serez non seulement le créateur, mais aussi le bénéficiaire des miracles où que vous soyez. Vous ferez l'expérience de ce que Walt Whitman voulait dire lorsqu'il a écrit, «Pour moi, chaque centimètre carré d'espace est un miracle.»

Que signifie être ouvert à tout

Tout signifie exactement ce que cela dit. Il n'y a pas d'exceptions. Lorsque quelqu'un vous suggère quelque chose qui entre en conflit avec votre conditionnement, plutôt que de répondre: «C'est ridicule, nous savons tous que cela est impossible», dites: «Je n'ai jamais envisagé cela auparavant. Je vais y penser.»

Ouvrez votre esprit à toutes les idées spirituelles de tous les êtres, et écoutez avec un esprit ouvert les projets les plus fous et les idées les plus folles qui, de prime abord, vous semblent excessifs. Si quelqu'un vous suggère que les cristaux peuvent guérir les hémorroïdes, que les plantes peuvent diminuer le cholestérol, que les gens pourront éventuellement respirer sous l'eau, ou que la lévitation est possible – écoutez et soyez curieux.

Renoncez aux choses auxquelles vous êtes attaché et aux idées en lesquelles on vous a formé à croire. Ouvrez votre esprit à *toutes* les possibilités, parce que si vous croyez ces choses possibles ou impossibles, de toute façon, vous aurez raison. Comment cela peut-il être vrai? C'est votre entente avec la réalité et tout ce qui est possible qui détermine ce que vous deviendrez. Si vous êtes convaincu que vous ne pouvez pas devenir riche, célèbre, artiste, sportif professionnel, grand chanteur, ou quoi que ce soit, vous agirez en fonction de cette conviction intérieure qui vous empêche de manifester ce que vous aimeriez vraiment. Tout ce que vos efforts vous apporteront, c'est que vous aurez raison. Lorsque vous avez besoin d'avoir raison, vous êtes attaché à votre réflexe conditionné, à la façon dont les choses sont et ont toujours été, et vous supposez qu'elles le seront toujours.

Libérez-vous de vos attachements

Le premier secret possède en fait deux composantes: (1) un esprit qui est ouvert à tout; et (2) un esprit qui n'est attaché à rien. Vos attachements sont la source de tous vos problèmes. Le besoin d'avoir raison, de posséder quelqu'un ou quelque chose, de gagner à tout prix, d'être perçu par les autres comme un être supérieur – tout cela c'est de l'attachement. L'esprit ouvert résiste à ce genre d'attachements et par conséquent connaît la paix intérieure et le succès.

Pour vous débarrasser de ce qui vous attache, vous devez modifier votre façon de vous percevoir. Si les facteurs primaires de votre identité sont votre corps et vos possessions, votre ego est la force dominante dans votre vie. Si vous pouvez maîtriser suffisamment votre ego, vous ferez appel à votre esprit afin qu'il soit la force qui vous guide dans la vie.

En tant qu'être spirituel, vous pouvez observer votre corps et être le témoin compatissant de votre existence. Votre aspect spirituel perçoit la folie que représente l'attachement parce que votre esprit spirituel est une âme infinie. Rien ne peut vous rendre heureux ou vous faire réussir. Il s'agit là de constructions de l'esprit que vous introduisez dans votre monde, plutôt que de les recevoir du monde extérieur.

Si vous avez des pensées paisibles, vous aurez des émotions paisibles, et c'est ce qui accompagnera chaque situation de votre vie. S'il est important pour vous d'avoir raison ou que vous avez absolument besoin de quelque chose afin d'être en paix ou de réussir, vous mènerez une vie faite d'efforts, sans jamais atteindre votre but.

Il est possible d'être animé d'un ardent désir et pourtant de n'être attaché à rien. Vous pouvez avoir une vision intérieure de ce que vous avez l'intention de manifester et rester quand même détaché du résultat. Comment? Songez à cette observation dans *A Course in Miracles:* «La patience infinie produit des résultats immédiats.»

On dirait un paradoxe, une contradiction, n'est-ce pas? La patience infinie signifie une certitude absolue que ce que vous voulez voir se manifester va en fait se manifester, dans un ordre parfait et juste à temps. Le résultat immédiat que vous retirez de cette certitude intérieure est un sentiment de paix. Lorsque vous vous détachez du résultat, vous êtes en paix, et au bout du compte, vous récolterez les fruits de vos convictions.

Supposez que vous ayez à choisir entre deux baguettes magiques. Avec la baguette A, vous pouvez posséder n'importe quel objet physique que vous désirez en agitant simplement la baguette. Avec la baguette B, vous pouvez avoir un sentiment de paix pour le reste de votre vie, quelles que soient les circonstances. Quelle baguette choisirez-vous? Une garantie d'avoir des tas de choses, ou la paix intérieure pour le reste de votre vie?

Si vous choisissez la paix, alors vous possédez déjà la baguette B. Ayez simplement un esprit ouvert à toute chose mais attaché à rien. Laissez toute chose aller et venir comme elle le désire. Appréciez tout, mais ne faites jamais dépendre votre bonheur ou votre succès d'un attachement à un objet, à un lieu, et plus particulièrement, à une personne.

Dans toutes vos relations, si vous pouvez aimer quelqu'un suffisamment pour lui permettre d'être exactement ce qu'il choisit d'être – sans aucune attente ou attachement de votre part – vous connaîtrez réellement la paix dans votre vie. L'amour vrai signifie que vous aimez une personne pour ce qu'elle *est* et non pas pour ce que vous croyez qu'elle *devrait* être. C'est cela un esprit ouvert – *et* une absence d'attachement.

Le deuxième secret

«Il n'y a qu'une vie pour chacun d'entre nous: la nôtre.»

– Euripide

«Un musicien doit jouer de la musique, un artiste doit peindre, un poète doit écrire, s'il veut être en paix avec lui-même. Ce qu'un homme peut être, il doit l'être.»

– Abraham Maslow

Ne mourez pas sans avoir joué votre musique intérieure

Le deuxième secret

Ne mourez pas sans avoir joué votre musique intérieure

Le monde dans lequel vous vivez est un système intelligent dont chaque partie mobile est coordonnée par toutes les autres parties mobiles. Il y a une force de vie universelle qui soutient et orchestre le tout. Tout cela fonctionne en parfaite harmonie. *Vous* êtes une de ces parties mobiles. Vous êtes arrivé dans ce monde dans le corps que vous habitez, précisément au moment où vous étiez prêt à le faire. Votre corps quittera ce monde avec la même précision. Vous êtes une pièce essentielle de ce système complexe. Vous voici dans ce système intelligent qui n'a ni commencement ni fin, dans lequel toutes les galaxies se déplacent en harmonie avec les autres. Vous *devez* être arrivé ici pour une raison!

…nalil Gibran a dit: «Lorsque vous naissez, v… …e œuvre est placée dans votre cœur.» Donc, quelle est votre œuvre? Votre but? Est-ce que vous vivez de la façon dont votre cœur vous pousse à le faire?

Écoutez votre cœur

Prenez un moment maintenant, tout de suite, et pointez votre doigt vers vous-même. Il est probable que votre doigt indique la place de votre cœur. Non pas de votre cerveau, mais de votre cœur. C'est qui vous êtes. Les battements constants de votre cœur sont le symbole de votre connexion infinie avec les battements, toujours présents, du cœur de Dieu ou de l'Intelligence universelle. L'hémisphère gauche de votre cerveau calcule, raisonne, analyse, et fait les choix les plus logiques pour vous. Il pense, pense, pense!

En fait, l'hémisphère droit de votre cerveau représente votre côté intuitif. C'est la partie de vous qui va au-delà de la raison et de l'analyse. C'est la partie de vous qui perçoit les choses, qui est sensible à l'amour, qui ressent des émotions pour ce qui est important pour vous. Votre hémisphère droit vous permet d'avoir les larmes aux yeux lorsque vous tenez vos bébés dans vos bras, ou de vous prélasser au soleil d'une magnifique journée. L'hémisphère gauche de votre cerveau *peut* l'analyser, tandis que l'hémisphère droit de votre cerveau vous permet de le *sentir*.

Choisissez une situation et demandez-vous ce qui compte le plus pour vous: ce que vous savez ou ce que vous ressentez à propos de cette situation. Généralement, les choses dont vous vous occuperez en premier dépendent de la situation et de vos circonstances. Votre intelligence peut déterminer exactement comment vous êtes censé vous comporter dans une relation lorsque tout s'écroule (ou lorsque tout va à merveille), et puis il y a des moments où ce que vous ressentez supplantera ce que vous savez. Si vous vous *sentez* craintif, peureux, seul ou au contraire, excité, aimant et délirant de joie, ce seront les forces dominantes qui vous feront agir. C'est à ce moment-là que l'hémisphère droit de votre cerveau a raison. Il vous mènera toujours passionnément vers votre but.

Écoutez l'hémisphère droit de votre cerveau

Il y a une présence invisible et intuitive qui ne vous quitte jamais. J'imagine cette présence comme une petite créature frondeuse, assise sur votre épaule droite, qui vous rappelle à l'ordre lorsque vous avez perdu de vue votre but. Cette petite créature est votre propre mort, qui vous pousse à réaliser ce pourquoi vous êtes venu sur cette terre, parce que vous n'avez qu'un certain nombre de jours pour y arriver, et ensuite votre corps quittera cette vie. Votre compagnon invisible vous talonnera lorsque vous passerez encore une journée à faire ce que quelqu'un d'autre a dicté, si cela ne fait pas partie de votre passion dans la vie.

Vous saurez probablement toujours si vous êtes en train de dévier de votre route, à cause de votre sentiment de frustration. Il se peut que cela ne vous fasse pas agir pourtant, parce que l'hémisphère gauche de votre cerveau n'aura pas assez de courage pour faire ce que lui commande l'hémisphère droit, qui sait, lui, quel est votre destin.

Votre voix intérieure intuitive vous exhorte constamment à jouer cette musique que vous entendez afin que vous ne mouriez pas sans l'avoir jouée. Mais l'hémisphère gauche de votre cerveau dit: «Minute. Attention, ne prends pas de risques, tu pourrais échouer, tu pourrais décevoir tous ceux qui ont une autre façon de voir ce que tu devrais faire.» Alors, votre compagnon invisible (votre mort) parle encore plus fort. Et de plus en plus fort, pour essayer de vous faire poursuivre votre rêve.

Si vous écoutez exclusivement l'hémisphère gauche de votre cerveau, vous finirez par devenir un simulateur, ou pire encore, un de ces banlieusards qui fait un long trajet journalier entre sa résidence et son lieu de travail – vous vous lèverez tous les matins pour vous joindre au troupeau, vous irez faire ce travail qui vous permet de rapporter de l'argent et de payer les factures; et vous vous lèverez le lendemain et vous referez également tout ça encore une fois, comme le dit une chanson bien connue. Entre-temps, votre musique intérieure faiblit de plus en plus jusqu'à devenir inaudible. Mais votre compagnon constant et invisible entend toujours cette musique et continue à vous taper sur l'épaule.

Les tentatives qu'il fait pour attirer votre attention peuvent prendre la forme d'un ulcère, ou d'un incendie pour détruire votre résistance, ou bien vous serez renvoyé d'un emploi qui vous étouffe, ou encore un accident vous mettra sur les genoux. En règle générale, ces accidents, ces maladies, et toutes ces formes de malchance finiront par attirer votre attention, mais pas toujours. Certaines personnes finissent comme Ivan Ilyich, ce personnage de Tolstoï, qui s'angoissait sur son lit de mort, et disait: «Et si toute ma vie avait été une erreur?» Je dois dire qu'il s'agit là d'une scène épouvantable.

Vous n'êtes pas obligé de choisir ce destin. Écoutez votre compagnon invisible, exprimez la musique que vous entendez, et ignorez ce que tout le monde autour de vous pense que vous devriez faire. Comme l'a dit Henry David Thoreau: «Si un homme ne peut pas emboîter le pas à ses compagnons, c'est peut-être parce qu'il entend un joueur de tambour différent. Laissez-le marcher au pas de la musique qu'il entend, qu'elle soit lente ou lointaine.»

Soyez prêt à accepter que les autres vous perçoivent même comme un traître s'il le faut, pourvu que vous ne trahissiez pas votre propre musique intérieure, votre but. Écoutez votre musique, et faites ce que vous savez que vous devez faire pour vous sentir bien dans votre peau, pour ressentir la plénitude et pour sentir que vous réalisez votre destin. Vous ne serez jamais en paix si vous ne jouez pas cette musique pour exprimer qui vous êtes. Faites savoir au monde pour quelle raison vous êtes ici, et faites-le avec passion.

Être passionné signifie prendre des risques

En fait, vous menez peut-être une vie aisée lorsque vous ne suivez pas vos instincts. Vous payez vos factures, vous remplissez tous les formulaires voulus, et vous passez votre vie à vous adapter et à vous conformer aux règles. Mais ces règles ont été écrites par quelqu'un d'autre. Vous savez très bien ce que votre petit compagnon grondeur vous dit: «Ça peut avoir l'air bien, mais est-ce que tu te sens bien? Est-ce que c'est vraiment pour cette raison que tu es venu sur cette terre?» Pour un bon nombre de personnes, la réponse est: «Comment savoir quelle est ma mission héroïque?»

Vous trouverez votre passion dans ce qui vous inspire le plus. Et que signifie le mot *inspire?* C'est un mot qui vient du terme «esprit». Lorsque vous êtes inspiré, vous n'avez jamais besoin de vous poser des questions au sujet de votre but. Vous êtes en train de le vivre. Pour l'une de mes enfants, c'est faire du cheval et être à l'écurie. Elle est aux anges lorsqu'elle est montée sur un cheval ou même lorsqu'elle nettoie l'écurie en pelletant le fumier de cheval.

Une autre de mes filles n'est inspirée que lorsqu'elle chante, qu'elle écrit de la musique, ou qu'elle donne un spectacle. Elle est comme ça depuis l'âge de deux ans. Pour une autre de mes benjamines, c'est le dessin et la peinture qui lui donnent l'impression d'avoir un but. Pour une autre encore, c'est de concevoir des sites Web et des programmes d'informatique pour les autres. Pour moi, c'est écrire, parler à un public et créer des produits pour aider les autres à avoir confiance en eux. Cela a toujours été ma passion, même lorsque j'étais jeune garçon.

Quelle est *votre* passion? Qu'est-ce qui vous remue l'âme et vous donne le sentiment d'être totalement en harmonie avec la raison pour laquelle vous êtes arrivé sur cette terre? Il faut savoir avec certitude que, quel que soit votre choix, vous pouvez gagner votre vie et simultanément servir les autres tout en satisfaisant votre passion. Je le garantis.

La seule chose qui vous empêchera de jouer votre musique intérieure et d'avancer à votre propre rythme c'est la peur. Selon *A Course in Miracles*, il n'y a que deux émotions essentielles: l'une est la peur et l'autre est l'amour. Vous craignez la désapprobation des autres? Prenez ce risque et vous découvrirez que vous recevrez plus d'approbation lorsque vous ne la recherchez pas que lorsque vous la recherchez. Vous pouvez craindre l'inconnu. Prenez aussi ce risque.

Laissez vagabonder vos pensées, et demandez-vous: *«Quelle est la pire chose qui puisse m'arriver si ça ne marche pas?»* La vérité est que vous irez toujours plus loin. Vous n'allez pas mourir de faim et on ne vous torturera pas si ça ne marche pas. Vous pouvez craindre le succès. Vous avez été conditionné à croire que vous n'êtes pas à la hauteur ou que vous êtes limité. La seule façon de relever le défi de ces absurdités est d'aller vers ce que vous savez être votre but et de laisser le succès vous courir après, et assurément il le fera. Vous pourriez avoir la plus grande peur de toutes les peurs: vous pourriez craindre l'échec.

Le mythe de l'échec

Cela va peut-être vous surprendre, mais l'échec n'est qu'une illusion. Personne n'échoue jamais. Tout ce que vous faites produit un résultat. Si vous essayez d'apprendre comment attraper un ballon, que quelqu'un le lance et que vous le laissez tomber, vous n'avez pas échoué. Vous avez simplement produit un résultat. La vraie question est que faites-vous avec les résultats que vous produisez. Est-ce que vous vous en allez en gémissant parce que vous croyez avoir échoué, ou bien est-ce que vous dites: «Lance-le encore une fois», jusqu'à ce que finalement vous sachiez attraper les ballons?

L'échec est un jugement. Ce n'est qu'une opinion. Elle provient de vos craintes, qui peuvent être éliminées par l'amour. L'amour pour vous-même. L'amour pour ce que vous faites.

L'amour pour les autres. L'amour pour votre planète. Lorsque vous avez l'amour en vous, la peur ne peut pas survivre. Pensez au message de ces anciens sages: «La peur a frappé à la porte. L'amour a ouvert la porte et il n'y avait personne.»

La musique intérieure que vous entendez, qui vous pousse à prendre des risques et à poursuivre vos rêves, c'est votre lien intuitif avec le but qui se trouve dans votre cœur depuis votre naissance. Ayez de l'enthousiasme pour tout ce que vous faites. Ayez cette passion en prenant conscience que le mot *enthousiasme* signifie littéralement «le Dieu (*enthos*) intérieur (*iasm*).» La passion que vous ressentez est Dieu en vous qui vous invite à prendre le risque d'être vous-même.

J'ai découvert que les risques que l'on perçoit ne sont pas du tout risqués lorsqu'on a surmonté sa peur et qu'on a laissé entrer l'amour et le respect de soi. Lorsque vous produirez un résultat qui fait rire les autres, vous aurez tendance aussi à rire. Lorsque vous vous respectez, trébucher vous permet de rire de vous-même car vous ne trébuchez qu'à l'occasion.

Lorsque vous vous aimez et que vous vous respectez, la désapprobation des autres n'est pas une chose que vous craignez et que vous voulez éviter. Le poète Rudyard Kipling a déclaré: «Si tu peux faire face au triomphe et au désastre, et traiter ces deux imposteurs de la même façon... la terre et tout ce qu'elle contient t'appartient.» Le mot clé ici est *imposteurs*. Ils ne sont pas réels. Ils n'existent que dans l'esprit des gens.

Écoutez l'hémisphère droit de votre cerveau, soyez à l'écoute de vos émotions, et jouez votre propre musique intérieure. Elle est unique. Vous n'aurez rien ni personne à craindre et vous ne ressentirez jamais la terreur de celui qui, couché sur son lit de mort un jour, se dit: *«Et si toute ma vie avait été une erreur?»* Votre compagnon invisible assis sur votre épaule droite vous poussera en avant chaque fois que vous vous écarterez de votre but. Il vous fera prendre conscience de votre musique. Écoutez donc, et ne mourez pas en emportant avec vous cette musique, sans l'avoir jouée.

Le troisième secret

«Quiconque fait très bien quelque chose de très difficile ne perd jamais sa fierté.»

– George Bernard Shaw

«Dès que vous vous ferez confiance, vous saurez comment vivre.»

– Johann Wolfgang von Gœthe

Vous ne pouvez pas donner ce que vous ne possédez pas

Le troisième secret

Vous ne pouvez pas donner ce que vous ne possédez pas

Bien sûr que vous ne pouvez pas donner ce que vous ne possédez pas! Cela semble tellement évident que vous vous demandez peut-être pourquoi j'en ai fait l'un de mes dix secrets de la paix intérieure et du bonheur. C'est parce que j'ai découvert que la plupart des gens qui n'ont ni paix intérieure ni succès dans leur vie ne sont pas arrivés à assimiler cette vérité toute simple.

Connaissez-vous des gens qui donnent de l'amour en réponse à l'énergie négative qui est dirigée vers eux? Il n'y a pas beaucoup d'êtres humains qui répondent avec amour dans cette situation. Ceux qui le font sont capables de le faire parce qu'ils ont de l'amour à donner. Ils savent qu'il est impossible de donner ce qu'ils ne possèdent pas, et ils ont fait cet effort (ce kilomètre supplémentaire) pour acquérir ce qu'ils veulent autant attirer que donner.

Si l'amour et la joie sont ce que vous voulez donner et recevoir, alors rappelez-vous que vous ne pouvez pas donner ce que vous ne possédez pas déjà, mais vous *pouvez* changer votre vie en changeant ce qui est en vous, si vous êtes prêt à faire cet effort supplémentaire.

Changez ce qui est en vous

Examinez ce concept de votre réalité intérieure: vos pensées créent votre réalité, parce que vos pensées déterminent votre façon de réagir aux situations qui se présentent dans votre vie quotidienne. Ces réactions sont l'énergie que vous avez en vous et que vous pouvez donner. Si vous ressentez de la colère, c'est que vous avez de la colère dans votre corps.

Comme toutes choses dans notre univers, vos pensées sont une forme d'énergie. Tout ce que vous ressentez et tout ce que vous vivez est le résultat de ce que j'appelle *les forces attractives*. Cela signifie que vous recevez en retour ce que vous avez distribué autour de vous. Donc, ce que vous avez attiré vers vous est ce que vous avez à redonner aux autres.

Une faible énergie attire une énergie minimale. Certaines des pensées qui dégagent une énergie minimale sont la colère, la haine, la honte, la culpabilité et la peur. Non seulement ces pensées vous affaiblissent-elles, mais elles attirent aussi des forces identiques!

En modifiant vos pensées afin qu'elles passent aux fréquences supérieures, c'est-à-dire à l'amour, l'harmonie, la bonté, la paix et à la joie, vous attirerez des forces identiques et vous pourrez disposer de ces énergies optimales pour les répandre autour de vous. Ces fréquences plus élevées et plus rapides, qui vous stimuleront, annuleront et dissiperont automatiquement les énergies minimales tout comme la présence de la lumière fait disparaître l'obscurité.

S'aimer soi-même et se respecter

En devenant plus aimant à l'égard de vous-même, vous attirerez davantage d'énergies optimales rapides et vous commencerez à changer ce qui est en vous. Dans vos pensées, cultivez une voix intérieure et une attitude qui soient à cent pour cent du temps dans *votre* camp. Imaginez un aspect de vous-même qui ne fait que vous soutenir et vous aimer. Vous pourriez prévoir un certain moment de la journée durant lequel c'est la seule pensée que vous vous autorisez à avoir!

Petit à petit, cette attitude s'étendra à d'autres personnes, même si vous ne pouvez la garder qu'une minute ou deux. Vous commencerez à recevoir cette énergie en retour et finalement vous serez capable d'envoyer des pensées d'amour et de joie à toutes les personnes et à toutes les choses autour de vous. Surveillez vos pensées lorsqu'elles s'égarent dans l'énergie minimale du ridicule, de la haine ou de la culpabilité, et changez cette pensée immédiatement si cela est possible. Si vous êtes incapable de changer cette pensée, alors au moins aimez-vous pour ce que vous *avez* fait – c'est-à-dire pour l'avoir remarquée.

Faites un pacte avec vous-même pour vous rappeler souvent ce secret qui consiste à ne pas pouvoir donner ce que vous ne possédez pas. Ensuite travaillez à votre programme personnel d'amour de soi, de respect de soi, et de prise en charge de soi, et créez une immense liste de ce que vous souhaitez donner aux autres.

Une des leçons que je continue à apprendre et à mettre en application est que l'univers répond avec le même genre d'énergie que celle que nous lui envoyons. Si vous attirez un grand nombre de personnes qui souhaitent vous exploiter, vous devez analyser ce que vous faites pour attirer les exploiteurs dans votre vie. Si vous êtes souvent en colère, explorez ces pensées de colère qui sont en vous. Si vous avez en vous une énergie avide qui dit: «Donnez-moi! Donnez-moi! Donnez-moi!» vous attirerez toutes sortes d'énergies exigeantes dans votre vie.

Vous saurez que cela est vrai d'après le nombre de dates butoirs que vous ne pourrez pas respecter, des patrons ou des clients difficiles et insatiables que vous rencontrerez, et le sentiment d'être une victime. Envoyez dans l'univers un message qui dit: «Donnez-moi! Donnez-moi! Donnez-moi!» et vous recevrez le même message en retour.

Si ce que vous donnez est le respect de soi et l'amour de soi, l'univers, au moyen des forces attractives, vous retournera l'amour et le respect dont vous rayonnez. C'est vraiment tellement simple. Vous ne pouvez pas donner ce que vous ne possédez pas.

L'ironie de ce concept

Si vous voulez donner une douzaine d'oranges à votre voisin pour lui exprimer votre amour, de toute évidence il faudrait que vous ayez en votre possession 12 oranges. Si vous avez l'intention d'acheter une nouvelle voiture à vos parents pour leur témoigner votre gratitude parce qu'ils ont payé vos études de médecine, naturellement vous devrez avoir les fonds nécessaires pour le faire. De même, vous ne pouvez pas donner d'amour aux autres si vous n'en avez pas pour vous-même. Vous ne pouvez pas manifester de respect aux autres si *vous* manquez de respect de vous-même. Vous ne pouvez pas donner du bonheur aux autres si vous vous sentez malheureux. Et, bien entendu, l'inverse est vrai.

Vous ne pouvez donner que ce que vous *possédez*, et ce que vous allez donner tous les jours ce sont des articles qui proviennent de votre inventaire personnel. Si vous donnez de la haine, c'est que vous avez emmagasiné de la haine en vous pour la transmettre aux autres. Si vous donnez du malheur c'est parce que vous en avez des provisions disponibles que vous pourrez distribuer.

On peut simplifier ce concept par la description de l'orange que l'on presse. Lorsque vous pressez une orange, vous obtiendrez toujours du jus d'orange. Ceci est vrai quelle que soit la personne qui presse, quelle que soit l'heure à laquelle vous pressez, quel que soit l'instrument dont vous vous servez pour presser, ou quelles que soient les circonstances qui entourent ce geste de presser une orange. Ce qui sort c'est ce qui est à l'intérieur. La même logique s'applique à vous.

Lorsque quelqu'un vous presse, ou d'une certaine façon fait pression sur vous, ou dit quelque chose de peu flatteur ou vous critique, et que ce qui jaillit de vous c'est la colère, la haine, l'amertume, la tension, la dépression ou l'anxiété, c'est tout simplement que *c'est ce qui se trouve en vous.*

L'ironie de ce concept est que vous ne pouvez pas donner ce que vous ne *possédez pas* parce que vous donnez toujours ce que vous *possédez.* Si vous voulez passer à l'action en donnant aux autres et en les servant, posez-vous les questions suivantes: *«Qu'est-ce que j'ai en moi?»* et *«Pourquoi est-ce que j'ai choisi d'emmagasiner ces sortes d'énergies en moi pour les donner aux autres?»*

Trouvez votre but

Il est probable que vous souhaitiez ardemment connaître votre but dans la vie. «Comment puis-je découvrir quel est mon but?» est la question que l'on me pose très fréquemment. La personne qui me formule cette question explique souvent en détail son dilemme en disant: «Je serais plus heureux si je pouvais avoir un but, mais je ne sais pas quel est mon but dans la vie.»

Ma réponse est que vous arrivez dans ce monde avec absolument rien. Vous quitterez ce monde physique avec exactement la même chose. Toutes vos acquisitions et toutes vos réalisations ne peuvent pas partir avec vous. Par conséquent, la seule chose que vous puissiez faire avec votre vie c'est de la donner. Vous constaterez que vous vous dirigerez fermement vers votre but si vous trouvez un moyen de *toujours vous mettre au service des autres.*

Avoir un but dans la vie, c'est servir. C'est cesser de se concentrer sur soi-même et ses propres intérêts, et servir les autres de quelque façon que ce soit. Vous construisez parce que vous aimez construire. Et vous construisez pour rendre les autres heureux. Vous créez parce que votre cœur vous dicte de le faire. Mais ces créations sont au service des autres. Vous écrivez parce que vous aimez vous exprimer par l'intermédiaire des mots. Mais ces mots aideront et inspireront les lecteurs.

Si vous ne savez pas encore quel est votre but, vous continuerez à le chercher durant les diverses étapes de votre vie. Il y a un grand nombre de modèles différents qui décrivent les étapes de la vie. Dans cet ouvrage, je vais utiliser quatre archétypes, quatre modèles, soit l'athlète, le guerrier, l'homme d'État et l'esprit, pour indiquer brièvement quel est votre but durant chacune des étapes.

Pour l'archétype de l'athlète, le centre d'intérêt est exclusivement le corps physique, son apparence et sa performance. L'archétype du guerrier veut rivaliser, vaincre et recueillir des trophées. L'archétype de l'homme d'État se préoccupe de satisfaire les désirs des autres en demandant: «Comment puis-je servir?»

Au stade final (et le plus élevé que nous connaissions), il y a l'archétype de l'esprit. À cette étape, vous réalisez ce que veut dire être *dans* ce monde, et non pas *de* ce monde. L'esprit en vous sait que ni le corps ni le monde ne représentent son domicile exclusif. Cet archétype vous invite à minimiser vos préoccupations matérielles et à canaliser votre énergie vers l'essentiel de la vie qui est l'amour et le service.

À mesure que vous progresserez d'un archétype à l'autre, vous vous apercevrez que vous pensez de moins en moins à vos propres intérêts et de plus en plus à votre façon d'améliorer le monde pour les autres. Ainsi, vous découvrirez une grande vérité. Plus vous poursuivrez vos propres objectifs et vos propres intérêts, plus ils vous échapperont. Et lorsque vous mettrez vos pensées et ensuite vos activités, quelles qu'elles soient, au service des autres, ces choses que vous aviez coutume de poursuivre vous suivront où que vous alliez. Lorsque vous sortez complètement du tableau, les forces de l'univers semblent conspirer pour vous procurer tout ce que vous recherchiez auparavant pour vous-même. Et alors, parce que vous n'aurez plus aucun attachement pour ces choses, elles entreront et sortiront librement de votre vie.

Essentiellement, je vous exhorte à cesser de considérer votre vie d'un point de vue personnel. Vous pouvez mettre fin à n'importe quelle souffrance et à toutes les souffrances en vous rappelant que rien dans l'univers n'est personnel. Bien entendu, vous avez appris à considérer la vie sous un angle très personnel, mais cela est une illusion. Maîtrisez votre ego, et libérez-le totalement afin qu'il ne fasse plus jamais une affaire personnelle de telle ou telle chose, ou d'une situation donnée.

Gardez ces pensées à l'esprit, particulièrement lorsque vous vous sentez perdu ou lorsque vous n'êtes pas sûr de votre but: «Mon but, c'est de donner. Je dirigerai toutes mes pensées loin de moi et je passerai les quelques heures suivantes à trouver un moyen de servir quelqu'un ou n'importe quelle créature sur notre planète en danger.»

Ceci vous fera réaliser que ce que vous faites importe peu, du moment que vous êtes capable de donner. Pour pouvoir donner totalement et servir et, en bout de ligne, vous sentir nécessaire, vous devez être en mesure de dire «Oui», lorsque vous vous posez la question suivante: «Est-ce que je possède vraiment ce que je souhaite donner?»

Le quatrième secret

«La solitude, lorsqu'elle signifie être souvent seul, est essentielle pour atteindre la profondeur de la méditation ou du caractère; et la solitude en présence de la beauté et de la grandeur de la nature est le berceau de la pensée et des aspirations qui sont non seulement bénéfiques pour l'individu, mais dont la société pourrait difficilement se passer.»

– John S. Mill

«Peut-être que l'une des plus grandes récompenses de la méditation et de la prière est le sentiment d'appartenance qu'elles nous apportent.

– Bill W.

Adoptez le silence

Le quatrième secret

Adoptez le silence

Vous vivez dans un monde bruyant, constamment bombardé par une musique assourdissante, vos oreilles sont harcelées inlassablement par les hurlements et les grondements des sirènes, du matériel lourd de construction, des avions à réaction, des camions, des souffleuses à feuilles, des tondeuses à gazon et des tronçonneuses. Ces bruits artificiels créés par l'homme envahissent vos sens et tiennent le silence à l'écart.

En fait, vous avez été élevé dans une culture qui non seulement fuit le silence, mais qui est terrifiée par lui. La radio de la voiture doit toujours être allumée, et toute pause dans la conversation est un moment de gêne que la plupart des gens escamotent à l'aide de banalités. Pour un grand nombre d'individus, être seul est un cauchemar et être seul dans le silence est une pure torture. Le célèbre savant Blaise Pascal a fait observer: «Tous les malheurs de l'homme viennent de ce qu'il est incapable de rester assis dans une pièce calmement et seul.»

La valeur du silence

Il y a un silence momentané dans l'espace qui vous sépare de vos pensées et vous pouvez en prendre conscience avec de l'entraînement. Dans cet espace de silence, vous trouverez la paix à laquelle vous aspirez dans votre vie quotidienne. Vous ne connaîtrez jamais cette paix s'il n'y a pas d'espace entre vos pensées. On dit que l'individu moyen a 60 000 pensées distinctes par jour. Avec un si grand nombre de pensées, il n'y a presque pas de «temps morts».

Si vous pouviez diminuer ce nombre de pensées de moitié, vous pourriez avoir accès à tout un monde de possibilités. Car c'est lorsque vous fusionnez avec le silence et que vous ne faites qu'un avec lui que vous rejoignez votre source et que vous prenez conscience de la paix que certains appellent Dieu. Dans les Psaumes de l'Ancien Testament, on trouve ces très belles paroles: «Soyez tranquilles et sachez que je suis Dieu.» Les mots clés sont *tranquilles* et *sachez*.

Soyez tranquilles veut dire réellement *restez silencieux*. Mère Teresa a décrit le silence et ses rapports avec Dieu ainsi: «Dieu est l'ami du silence. Regardez comme la nature – les arbres, l'herbe, poussent en silence; regardez les étoiles, la lune et le soleil, comme ils se déplacent en silence... Nous avons besoin du silence pour pouvoir toucher les âmes.» Ceci inclut votre âme aussi!

C'est vraiment l'espace entre les notes qui fait la musique que vous appréciez tellement. Sans ces espaces, on n'entendrait qu'un seul bruit continu. Tout ce qui est créé sort du silence. Vos pensées émergent du néant du silence. Vos paroles émergent de ce vide. Votre essence même a surgi du vide. Tous ceux qui nous remplaceront attendent dans ce vaste vide.

Toute créativité exige une certaine tranquillité. Votre sentiment de paix intérieure dépend du silence dans lequel vous allez régénérer vos forces, pour vous débarrasser de la tension et de l'anxiété, pour refaire connaissance avec la joie de connaître Dieu, et vous sentir plus près de toute l'humanité. Le silence diminue la fatigue et vous permet de faire l'expérience de votre propre créativité.

Le deuxième mot dans la phrase de l'Ancien Testament, *sachez*, décrit le rapport personnel et conscient que vous devez établir avec Dieu.

Connaître Dieu c'est bannir le doute et se rendre indépendant de la définition et de la description de Dieu faites par les autres. Au lieu de cela, vous aurez votre propre connaissance personnelle. Et comme nous l'a rappelé Melville de façon poignante: «La seule et unique voix de Dieu est le silence.»

Intégrez plus de silence dans votre vie

Je vous invite instamment à faire de plus en plus de place au silence dans votre vie. Une des façons les plus efficaces de réaliser cela est la méditation quotidienne. Et n'oubliez pas qu'une mauvaise méditation n'existe pas. Prenez le temps de rester assis calmement et seul.

Au début, vos pensées vont se mettre en branle pour vous convaincre que c'est un gaspillage de temps, que vous devriez être dehors à faire des choses productives, et que vous avez tellement d'autres choses à faire. Des centaines d'autres pensées sans rapport aucunes vont surgir puis disparaître de votre esprit.

Mais vous pouvez très bien tenir tête à cet orage de protestations mentales en restant assis calmement et en devenant l'observateur de tout ce jacassement intérieur. Éventuellement, vous serez capable de vous diriger vers les intervalles entre vos pensées et de remarquer lorsque vous en émergez comme vous vous sentez en paix durant cet intervalle de silence. Faites-en l'essai immédiatement. Servez-vous de la prière du *Notre Père.*

Premièrement, concentrez-vous sur le mot *Notre*, et ensuite *Père.* Essayez de pénétrer dans l'espace qui sépare ces deux mots, *Notre* et *Père.* Ensuite faites la même chose avec *qui* et *êtes* et *aux cieux.* Glissez-vous momentanément dans les intervalles et remarquez à quel point vous vous sentez paisible et exquisément bien dans le silence.

Je donne un cours de méditation, que je décris en détail et durant lequel je vous guide de la voix dans une cassette/DC appelés *Meditations for Manifesting* (Méditations et manifestations). Dans cette méditation, j'utilise le son «ahhhh» comme mantra pour empêcher vos pensées de s'égarer durant la méditation du matin. Ce son se retrouve dans presque tous les noms du Divin. Écoutez-le, par exemple, dans *Pater*, *Yahvé*, *Allah*, *Krishna*, *Jéhovah*, *Ra* et *Ptah.* En répétant ce mantra, vous prenez consciemment contact avec Dieu. Pour la méditation du soir, on utilise le son *om*, le son de la gratitude pour tout ce qui s'est manifesté dans votre vie. Répéter le son *ahhhh* le matin et *om* le soir durant environ 20 minutes vous donnera l'occasion de faire l'expérience de la paix intérieure et du succès, d'une façon que vous n'avez jamais connue auparavant.

Il y a bon nombre d'occasions d'intégrer le silence à sa vie. J'essaie de méditer chaque fois que je m'arrête à un feu rouge. Lorsque ma voiture est arrêtée et que mon corps est inactif, fréquemment la seule chose qui bouge, ce sont les pensées dans mon esprit. Je me sers de ces quelques minutes d'arrêt pour harmoniser mon esprit avec ma voiture immobile et mon corps inerte.

J'obtiens une merveilleuse prime de silence. Je m'arrête probablement à un feu rouge 20 ou 30 fois par jour, et je crée donc ainsi 40 minutes à une heure de silence. Et il y a toujours quelqu'un derrière moi pour me faire savoir qu'il est temps de repartir en déchirant le silence à coups de klaxon!

La méditation a non seulement un effet sur vous, mais sur tout votre entourage aussi

Lorsque vous êtes en paix, vous rayonnez d'une énergie tout à fait différente de celle qui se dégage de vous lorsque vous êtes stressé ou déprimé. Plus vous êtes paisible, plus il vous sera facile de faire détourner les énergies négatives de ceux que vous rencontrerez. C'est comme si vous étiez entouré d'un bouclier invisible que rien ne peut pénétrer, sauf s'il s'agit d'une énergie spirituelle plus puissante que votre bouclier. Un courant hostile est accueilli par un sourire et la pensée que cela ne vous concerne pas. Une personne qui tente de vous attirer dans son malheur ne peut pas réussir sans votre accord. Vos exercices de méditation vous rendent invulnérable.

Vous pourrez non seulement détourner les influx négatifs de ceux qui vous entourent, mais la paix qui se dégagera de vous mettra les autres en harmonie avec vous. Des études ont été entreprises pour mesurer les niveaux de sérotonine (un neurotransmetteur dans votre cerveau qui indique le degré de paix et d'harmonie que vous ressentez) de ceux qui sont à proximité d'un grand groupe d'adeptes de la méditation. Les résultats ont été surprenants: il suffit de se trouver dans le champ d'énergie de ceux qui méditent pour que les niveaux de sérotonine s'élèvent dans le cerveau des observateurs. Ces conséquences sont stupéfiantes. Plus vous êtes paisible grâce à la méditation, plus votre état a une influence sur ceux qui vous entourent.

Je trouve que ma méditation a non seulement un effet calmant sur moi, mais elle a le même effet sur ma famille et mon entourage. Mais l'avantage principal est qu'après avoir médité, je constate qu'il m'est absolument impossible d'être irrité ou de subir les effets négatifs de quoi que ce soit. La méditation semble m'avoir mis en contact avec une source d'énergie calmante qui fait que je me sens profondément relié à Dieu.

Prendre consciemment contact avec Dieu

La plupart des religions se sont données pour tâche d'expliquer Dieu à leurs ouailles, y compris toutes les règles que Dieu est censé avoir établies pour l'humanité. Vous ne pouvez pas connaître Dieu par l'intermédiaire des expériences ou des témoignages des autres. Ceci doit être fait par vous. Je vous exhorte à méditer parce que cela vous apportera plus de paix, vous débarrassera du stress, améliorera l'état de votre entourage, et détournera tout ce qui est négatif.

Tout cela et plus encore se manifestera lorsque vous méditerez régulièrement. J'inclus l'adoption du silence dans mes dix secrets de la paix intérieure et du succès, principalement parce que c'est le seul véhicule que je connais qui permet de prendre consciemment contact avec Dieu.

Dieu est ce qui est indivisible. Il n'y a qu'une seule présence omniprésente appelée Dieu. Cette présence est partout et c'est une force qui crée et entretient la vie. Elle ne peut jamais être divisée ou coupée en petits morceaux. Il n'y a qu'un seul pouvoir dans l'univers, pas deux.

Cependant, tout dans votre expérience d'être humain semble être une dualité. Le *haut* existe à cause de son contraire, le *bas*. La *lumière* existe à cause de l'*obscurité*, le *juste* existe à cause du *faux*. L'*avant* d'une personne a toujours un *arrière*, et l'*extérieur* a toujours un *intérieur*, le *pôle Nord* d'un aimant a toujours un *pôle Sud*. Notre monde physique est un monde de dichotomies et de combinaisons des opposés, qui sont toujours divisibles.

Cependant, le silence est la seule expérience que vous pouvez faire de l'indivisible. Vous pouvez couper le silence en deux, et tout ce que vous obtiendrez est toujours du silence. Il n'y a qu'un seul silence. Par conséquent, le silence est la seule façon par laquelle vous pouvez faire l'expérience de la nature unique et indivisible de Dieu. C'est pourquoi vous devez méditer. C'est ainsi que vous *connaîtrez Dieu* plutôt que d'être obligé de vous contenter de *connaître ce qu'on vous dit de Dieu*.

Vous trouverez vos réponses dans le silence. Mais n'oubliez pas que c'est à partir du néant, du vide, que tout est créé. Lorsque vous écrivez une note de musique, le silence dont elle est venue fait tout aussi partie de la note que le son. Il en est de même avec la guérison de toute chose ou de toute relation. Vous taire et écouter vous inspirera. Je ne peux pas imaginer que je puisse écrire ou parler sans d'abord aller vers Dieu dans le silence. J'attends, seul, que mon inspiration émerge du temps et de l'espace.

La nature est thérapeutique

Chaque fois que dans votre vie les choses vont mal, allez dans la nature et vous trouverez la paix. Il faut envoyer les adolescents qui ont des problèmes dans la nature afin qu'ils s'occupent des animaux et qu'ils communient avec la nature, car cela leur apporte presque toujours la paix et la sérénité. La dépendance à la drogue disparaît lorsque les jeunes doivent escalader une montagne ou pagayer en canoë pour traverser un lac.

En effet, certaines personnes atteintes d'une maladie mortelle trouvent souvent que passer quelques mois dans une cabane isolée, à méditer et à communier avec Dieu, est exactement la thérapie dont elles ont besoin, et parfois c'est la source de rémissions miraculeuses et spontanées.

Si vous souffrez d'insomnie, allez vous promener pieds nus sur l'herbe durant dix minutes avant de vous coucher. La nature a des façons merveilleuses de guérir maintes maladies. Essayez de passer une journée dans un endroit isolé, à n'écouter que les bruits de la nature – les oiseaux, les insectes, le bruissement des feuilles, le vent. Ce sont des sons dont les effets apaisants peuvent vous faire oublier les bruits pénibles des poids lourds, des malaxeurs de ciment, des haut-parleurs, et autres machines.

Prenez régulièrement le temps d'aller loin de la civilisation. Donnez-vous chaque mois, chaque semaine, ou chaque quinze jours une journée où vous serez seul et où vous pourrez communier avec Dieu. C'est la meilleure thérapie, et c'est beaucoup moins coûteux que de payer quelqu'un pour vous écouter!

Ne parlez pas de votre communion silencieuse avec Dieu

Tout ce que vous souhaitez manifester émerge de l'Esprit, du silence. Vous n'utilisez pas votre ego pour manifester. En fait, l'ego peut inhiber le processus créatif. Pour cette raison, je vous invite à ne pas divulguer vos intuitions intimes, ce que vous avez l'intention de créer. Comme l'a dit saint Paul: «Ce qui se voit, n'est pas venu de ce qui paraît.»

Lorsque vous parlez de vos idées qui se manifestent et que vous relatez vos intuitions aux autres, vous sentez souvent le besoin d'expliquer et de défendre vos idées. Ce qui se passe alors est que l'ego est entré en scène. Une fois que l'ego est présent, la créativité cesse de se révéler.

C'est dans le silence qu'elle se manifeste, donc gardez vos éventuels miracles dans le silence que vous adoptez le plus souvent possible. Vous pouvez vous y fier et vous laisser envelopper par la sérénité et la paix intérieure que le silence et la méditation apportent toujours.

Le cinquième secret

Florence Farr m'a dit un jour: «Si nous pouvions nous dire avec sincérité "Le moment qui passe est aussi bon que tout ce que je pourrai jamais connaître", nous pourrions mourir à l'instant et être uni à Dieu.»

– William Butler Yeats

«Ci-gît mon passé,
Je lui ai dit adieu;
Merci les enfants,
Je n'aurais pas voulu manquer ça.»

– Ogden Nash

Renoncez à votre histoire personnelle

Le cinquième secret

Renoncez à votre histoire personnelle

Lorsqu'un hors-bord passe en trombe sur la surface de l'eau, il laisse derrière lui une écume mousseuse que l'on appelle le *sillage* du bateau. Le sillage n'est rien d'autre que la trace qu'il a laissée derrière lui. La réponse à la question: «Qui conduit le bateau?» est que le bateau avance à cause de l'énergie générée par le moteur au moment présent. C'est ce qui fait avancer le bateau sur la surface de l'eau.

Croyez-vous qu'il soit possible que le sillage conduise le bateau? La trace qui reste derrière le bateau peut-elle le faire avancer? Ce sont là des questions posées pour la forme et dont les réponses sont évidentes. Je suis sûr que vous conviendrez avec moi que le sillage n'est que la trace que le bateau laisse derrière lui et que ce n'est pas ce qui le fait avancer.

Je suggère que vous mettiez en application cette idée à l'histoire de votre vie. Le sillage de votre vie n'est rien d'autre que la trace que vous avez laissée derrière vous. Si l'on y pense bien, il est absolument impossible que le sillage vous fasse avancer. Le sillage n'est en aucune façon responsable logiquement de ce dont vous faites l'expérience ou ne faites pas l'expérience aujourd'hui. Le sillage n'est que ce qu'il est, et rien d'autre – une trace que vous avez laissée derrière vous. Mais l'avez-vous laissée derrière vous?

Victime de votre histoire personnelle

Durant plus d'un quart de siècle, j'ai travaillé avec des individus pour les aider à accéder à des niveaux supérieurs de conscience. D'après mon expérience, la plupart des gens vivent leur vie dans leur propre sillage en se raccrochant à leurs histoires personnelles pour justifier leurs comportements autodestructeurs, et les carences dans leur vie.

Ils se raccrochent aux vieilles douleurs, aux vieux abus, et aux anciens manques comme à des cartes de visite pour annoncer à toutes les personnes qu'ils rencontrent – à peine quelques minutes après avoir été présentés – leur statut de «victime». «J'ai été abandonné lorsque j'étais enfant», «Je suis alcoolique», «J'ai survécu à l'inceste», «Mes parents ont divorcé et je ne m'en suis jamais remis.» La liste peut continuer ainsi durant des centaines de pages.

Votre passé ne reviendra plus! En maintenant des liens avec votre passé, vous garantissez non seulement que vous serez immobilisé aujourd'hui, mais vous vous empêchez de guérir. En mentionnant les luttes passées et en les utilisant comme des raisons de ne pas continuer votre vie aujourd'hui, c'est exactement comme attribuer au sillage la capacité de faire avancer le bateau.

Cela vaut aussi pour l'inverse. Un grand nombre de personnes invoquent le bon vieux temps qui ne reviendra jamais comme la raison pour laquelle ils ne peuvent pas être heureux et satisfaits aujourd'hui. «Tout a changé», «On ne respecte plus personne comme avant», «Un dollar valait un dollar, maintenant les prix sont exorbitants», «Il n'y a plus de solidarité», «Lorsque nous étions enfants, nous respections l'autorité; les enfants d'aujourd'hui piétinent leurs parents.» C'est aussi vivre dans le sillage et attribuer au passé la responsabilité de votre manque de succès ou de bonheur aujourd'hui.

Débarrassez-vous du sillage

Imaginez un crayon qui aurait la capacité de n'écrire que votre histoire personnelle. Il n'a pas d'autre utilité. Tout votre passé est dans ce crayon. Allez-vous le garder? Pourquoi faire? Allez-vous vous en débarrasser? Peut-être serez-vous inspiré par ce poème d'Omar Khayyám:

> *«Le doigt agile écrit, et l'ayant fait, il passe à autre chose.*
>
> *Toute ta piété et tout ton esprit ne le convaincront pas d'annuler la moitié d'une ligne,*
>
> *Et toutes tes larmes ne pourront effacer un seul mot.»*

Vous pouvez pleurer toute la nuit à propos de l'histoire qui se trouve dans ce crayon, de tout ce qu'il contient, et de tout ce que vous voudriez qu'il efface – ou qu'il ramène – mais toutes vos larmes ne pourront pas effacer un seul mot du passé, comme vous le rappelle ce poète philosophe.

Vous voulez renoncer à votre histoire personnelle qui est symbolisée par ce crayon, mais lorsque vous vous en éloignez, même si vous allez très loin, vous vous retournez et il est là. Vous êtes prêt à vous débarrasser de votre histoire personnelle et à vivre pleinement dans le moment présent, mais le crayon est toujours là quand vous regardez par-dessus votre épaule.

Je suggère que vous preniez ce crayon dans vos doigts, et avec compassion, que vous permettiez aux mots, aux blessures, et à la douleur du passé d'être écrits, acceptés, examinés, compris et aimés pour tout ce que vous avez appris et vécu. Le fait même de le prendre entre vos doigts et de l'accepter vous donnera la force de transformer le passé en un chant, un poème, un tableau, ou un rituel, si vous pouvez faire ces choses, ou bien de le lancer loin de vous d'une façon qui vous est tout à fait particulière.

Acceptez votre histoire personnelle

Dans un univers qui est un système intelligent soutenu par une force divine et créatrice, il n'y a tout simplement pas d'accidents. Si pénible que ce soit pour vous de le reconnaître, vous avez dû passer par ce que vous avez subi afin d'arriver là où vous êtes aujourd'hui et la preuve en est que c'est ce qui s'est passé.

Chaque progrès spirituel que vous ferez dans votre vie sera probablement précédé par une sorte de chute ou de désastre apparent. Ces moments pénibles, ces accidents, ces épisodes difficiles, ces périodes d'appauvrissement, ces maladies, ces abus et ces rêves brisés sont tous dans l'ordre des choses. Ils se sont produits, donc vous pouvez supposer qu'ils *devaient le faire* et vous ne pouvez les *défaire*.

Acceptez-les de ce point de vue, avec de l'aide si vous en avez besoin, et puis comprenez-les, acceptez-les, honorez-les, et finalement mettez-les à la retraite et(ou) transformez-les à votre guise. (Je connais quelqu'un qui leur a donné une nouvelle description de poste). Prenez la liberté de vous immerger dans ce moment, le *maintenant* que l'on appelle le *présent* – parce que c'est simplement ça – un présent à ouvrir, à savourer, à nourrir, pour s'amuser, pour en jouir et pour explorer.

Vous ne recevrez rien d'autre que le présent

La volonté et la capacité de vivre pleinement dans le présent échappent à un grand nombre de personnes. Tout en mangeant votre hors-d'œuvre, ne pensez pas au dessert. Pendant que vous lisez un livre, remarquez où sont vos pensées. Lorsque vous êtes en vacances, soyez présent au lieu de penser à ce que vous auriez dû faire et à ce qui doit être fait lorsque vous rentrerez chez vous. Ne gaspillez pas ce moment présent insaisissable en le laissant dériver vers ce qui n'est pas «ici et maintenant».

Cette habitude de laisser notre esprit errer vers d'autres moments et d'autres lieux est ironique. Vous ne pouvez que dériver dans le maintenant, parce que c'est tout ce que vous pouvez posséder. Donc, laisser ses pensées errer est une façon de gaspiller le moment présent. Vous avez il est vrai un passé, mais pas maintenant! Eh oui, vous avez un futur, mais pas maintenant! Et vous pouvez consumer le maintenant par des pensées telles que «alors» et «peut-être», mais cela vous empêchera de ressentir cette paix intérieure et ce succès que vous pourriez déjà avoir.

Il est très improbable que les autres créatures gaspillent le présent en pensant au passé et à l'avenir. Un castor ne fait que le castor, et il le fait dans le moment présent. Il ne passe pas ses journées à souhaiter être de nouveau un jeune castor, ou à ruminer le fait que ses frères et sœurs castors ont reçu plus d'attention, ou que son père castor s'est enfui avec une jeune castor femelle pendant qu'il grandissait. Il est toujours dans le moment présent.

On peut apprendre beaucoup de choses avec les créatures de Dieu au sujet de l'appréciation du moment présent plutôt que de le laisser se consumer par la culpabilité du passé ou l'inquiétude du futur. Exercez-vous à vivre dans le moment présent, et interdisez à toutes les pensées qui portent sur votre passé de vous définir.

Arrêtez-vous et observez tout ce qui est dans votre espace immédiat – les personnes, les animaux, la végétation, les nuages, l'architecture des bâtiments, tout. Restez dans le présent en méditant et en vous rapprochant de plus en plus du présent ultime... Dieu.

Dieu n'est ici que maintenant

Réfléchissez à cela. Dans une heure Dieu ne fera pas quelque chose de différent de ce qu'il fait maintenant. Et Dieu ne fait pas quelque chose de différent maintenant de ce qu'il faisait il y a mille ans. La vérité est que vous ne pouvez connaître Dieu que si vous êtes prêt à connaître la paix du moment présent.

Dans le quatrième secret, j'ai expliqué comment la méditation est une façon de prendre consciemment contact avec Dieu. Ici, je voudrais vous confier un secret sublime que j'ai appris de l'un de mes professeurs les plus influents: *Vous ne connaîtrez vraiment Dieu que lorsque vous oublierez le passé et l'avenir et que vous fusionnerez totalement avec le présent, parce que Dieu est toujours ici maintenant.*

Très peu d'individus comprennent ce principe et l'appliquent, principalement à cause de leur conditionnement et du fait qu'ils ne sont pas prêts à exercer leur esprit à vivre dans le moment présent. C'est une des raisons pour lesquelles je dis parfois que: «Il n'y a jamais foule lorsqu'on arrive au kilomètre supplémentaire.»

Lorsque vous ferez cet effort supplémentaire, vous choisirez la paix intérieure et vous attirerez le succès dans votre vie tout en vivant dans le monde présent. Vous pouvez commencer en éliminant votre histoire personnelle de votre répertoire d'excuses pour expliquer pourquoi vous ne vivez pas en paix.

Vous n'aurez plus besoin de votre histoire personnelle

Faites un effort pour vous débarrasser de toutes les étiquettes que vous avez placées sur votre personne. Les étiquettes servent à vous nier. Finalement, vous devez justifier cette étiquette et vous y tenir plutôt que d'être l'esprit illimité qui est votre vrai moi. Vous n'êtes pas un Américain, un Italien, ou un Africain. Vous êtes un membre d'une seule race, la race humaine. Vous n'êtes pas un homme ou une femme, un démocrate ou un républicain. Vous ne faites qu'un avec l'unique, Dieu.

Vous n'êtes pas un athlète ou un magicien, un mathématicien ou un littéraire, ou toute autre étiquette. Transcendez les étiquettes, particulièrement celles que les autres ont collées sur vous dans le passé, et cela vous ouvrira la possibilité de vous élever dans le présent de toutes les façons que vous le désirez. Vous pouvez être toutes choses à n'importe quel moment présent dans votre vie.

Je vous recommande de trouver une façon de transformer votre histoire personnelle, et lorsque vous le faites, de vous rappeler que vous transformez toutes les croyances que vous avez utilisées comme étiquettes ou comme indicateurs de vos limites. Remplacez tout ça en sachant que vous n'êtes pas ce que vous avez fait, ce que vous avez été, ce que les autres vous ont enseigné, ou ce que l'on vous a fait. Vous faites partie des bien-aimés, toujours relié à votre source, et par conséquent relié au pouvoir illimité des bien-aimés.

L'histoire de votre passé et de toutes vos blessures n'existe plus maintenant dans votre réalité physique. Ne leur permettez pas d'être maintenant dans votre esprit, et de troubler vos moments présents. Votre vie est comme une pièce de théâtre en plusieurs actes. Certains des personnages qui entrent en scène ont des petits rôles à jouer, d'autres ont des rôles plus longs. Certains sont les méchants et d'autres sont les bons. Mais ils sont tous nécessaires, autrement ils ne seraient pas dans la pièce. Acceptez-les tous, et passez à l'acte suivant.

Le sixième secret

«Chaque route que vous suivez n'est qu'une route, et si votre cœur vous dit d'en changer, ce n'est un affront ni pour les autres ni pour vous.»

– Carlos Castaneda

«Tout être peut commettre des erreurs, mais seul un idiot persiste dans son erreur.»

– Cicéron

Vous ne pouvez pas résoudre un problème avec le même esprit qui l'a créé

Le sixième secret

Vous ne pouvez pas résoudre un problème avec le même esprit qui l'a créé

Tout problème peut être résolu à l'aide d'une solution spirituelle. Un des passages les plus mystérieux dans *A Course in Miracles* laisse entendre que vous n'avez pas de problèmes; vous *pensez* seulement que vous en avez un. Il est dit dans les premières lignes de la Torah, ainsi que de la Genèse dans la Bible: «Dieu a créé le Ciel et la Terre», et un peu plus loin: «Et tout ce que Dieu a créé était bon.»

Si vous interprétez ces paroles littéralement, il est très clair que les problèmes sont impossibles. Si Dieu a créé tout et si tout ce que Dieu a créé était bon, rien de mauvais ne peut exister.

«Mais», me direz-vous, «la maladie, la discorde, le désespoir, et cætera, tout cela semble exister et proliférer dans notre monde.»

Lorsque nous nous sentons séparé de notre centre sacré, il est facile de croire si fortement à la séparation que nous expliquons tout désagrément comme un problème. Dans le monde de l'Esprit, ou de Dieu, les problèmes n'existent tout simplement pas et ne sont pas réels. Lorsque votre lien spirituel est faible, vous vous éloignez du monde de l'Esprit et les problèmes viennent de ce que vous croyez à la séparation. Votre esprit crée l'illusion de la séparation et votre corps, influencé par les pensées de votre ego, reçoit les maladies.

Nos sociétés sont la création de nos pensées collectives. Elles intègrent les mêmes maladies attribuables à la séparation, et alors nous avons ce que nous appelons des *problèmes sociaux*. Tous ces prétendus problèmes, cependant, représentent un déficit spirituel auquel on peut remédier par des solutions spirituelles. Pensez-y de cette façon: si vous changez votre *esprit*, vous résoudrez votre problème. (J'ai écrit un livre entier sur ce sujet intitulé *Il existe une solution spirituelle à tous vos problèmes* [AdA, Varennes, Québec, 2002]).

Comment changer votre façon de penser

Pouvez-vous accepter l'idée que c'est votre croyance en la séparation d'avec Dieu qui a créé l'attitude que vous avez appelée un problème? Pouvez-vous explorer l'idée selon laquelle ce que vous appelez des problèmes sont tout simplement des illusions, ou des erreurs de votre raisonnement? Si Dieu est partout, il n'y a aucun endroit dans lequel Dieu n'est pas; par conséquent, vous avez Dieu avec vous en tout temps.

Vous pouvez ne pas y croire. C'est ce système de croyances qui a créé vos prétendus problèmes. Si vous pouvez faire la vérité sur la présence de ces illusions, elles disparaîtront – tout comme vous savez qu'il est vrai que trois plus trois égale six, et qu'il n'est pas vrai que trois plus trois égale dix. En faisant la vérité sur la présence de cette erreur arithmétique, elle disparaît tout simplement.

De même, toutes vos croyances qui ont créé les «problèmes» dans votre esprit disparaîtront à la lumière de l'énergie supérieure. Saint François d'Assise, dans sa célèbre prière, nous adjure de changer notre esprit et d'adopter cette pensée: «Là où il y a la haine, que j'y mette l'amour.» La lumière fait disparaître l'obscurité. L'amour chasse toujours la haine. L'esprit annule toujours les problèmes. Les problèmes existent en tant que croyances de votre ego, qui est incapable de conceptualiser la conscience de votre esprit tout comme l'obscurité n'a aucune conception de la lumière.

En réécrivant votre entente avec la réalité, vous pouvez changer votre façon de penser et éloigner tout problème que vous avez perçu. Changez votre attitude à votre égard, et prenez la décision de croire à votre connexité avec l'énergie supérieure de Dieu, même dans la pire des circonstances. Dirigez tout ce qui vous semble problématique vers votre moi supérieur, en ayant confiance que ce «problème» n'est pas ce qu'il semble être. Réécrivez l'entente que vous avez faite à propos de votre personne et de ce que vous êtes capable d'accomplir.

Votre nouvelle entente avec la réalité

Vos pensées sont virtuellement la source de tout dans votre vie. Chaque relation que vous entretenez est une chose que vous transportez partout avec vous. Si cette relation est mauvaise, c'est que vous y pensez de cette façon. La personne avec qui vous avez une relation n'est pas avec vous en ce moment, ni lorsque vous êtes au travail, ni dans votre salle de bain, mais vos pensées au sujet de cette personne sont toujours avec vous. Votre seule façon de faire l'expérience d'une autre personne, c'est par vos pensées.

Vous ne pouvez pas pénétrer derrière les yeux de cette personne et *être* cette personne. Vous pouvez seulement la percevoir avec vos pensées. Si vous cherchez ce qui vous déplaît dans cette personne et que vous emmagasinez cette image négative dans votre esprit, alors c'est là que votre relation existe. Si vous dirigez vos pensées sur ce que vous aimez plutôt que sur ce que vous n'aimez pas en elle, vous venez de modifier toute la relation. Elle est passée d'une relation boiteuse à une relation merveilleuse uniquement parce que vous avez changé votre façon de penser!

Essayez de toujours vous rappeler que vous transportez chaque relation avec vous dans votre tête. Robert Frost nous rappelle: «Vous aimez les choses que vous aimez pour ce qu'elles sont.» Lorsque vous oubliez cela et que vous percevez les autres en vous fondant sur ce que vous *pensez* qu'ils devraient être ou ce qu'ils avaient *l'habitude* d'être, ou en les comparant à ce que *vous* êtes, alors vous avez éloigné l'amour et dans votre esprit la relation s'est aigrie. Vous faites l'expérience de chaque *chose* et de chaque *personne* dans vos pensées. Modifiez vos pensées, et vous modifierez ce que vous transportez dans votre tête sous le nom de problèmes.

Le monde est tel qu'il est. L'économie est exactement telle qu'elle devrait l'être. Les gens qui se comportent «mal» dans le monde font ce qu'ils sont censés faire. Vous pouvez percevoir cela de toutes les façons que vous voudrez. Si vous êtes plein de colère à cause de tous ces «problèmes», vous n'êtes qu'une personne de plus qui contribue à la pollution par la colère.

Votre désir de faire quelque chose à propos des énergies minimales vous motivera à être plus aimant, à avoir plus de sentiments et à être plus paisible. Et ce faisant, vous pourriez influencer ceux qui sont les plus éloignés de Dieu afin qu'ils reviennent vers leur source. Cette nouvelle entente avec vous-même, c'est-à-dire de rester toujours lié à l'Esprit, même quand cela semble être la chose la plus difficile à faire, vous permettra d'atteindre le plus grand degré d'harmonie parfaite que votre corps puisse atteindre. Laissez les «maladies» à Dieu, et traitez votre corps à l'aide d'exercices pratiqués régulièrement, d'aliments sains, de grandes quantités d'eau pure, et de beaucoup de repos afin de lui permettre de fonctionner comme un réceptacle dans lequel l'Esprit passe.

Votre nouvelle entente avec la réalité, à laquelle vous aurez amalgamé votre corps physique et votre personnalité avec votre moi spirituel lié à Dieu, commencera à rayonner d'une énergie optimale faite d'amour et de lumière. Partout où vous irez, les autres feront l'expérience de cette luminosité de votre conscience de Dieu, et le manque d'harmonie et le désordre, et toutes sortes de problèmes ne s'amplifieront tout simplement pas en votre présence.

Devenez «un instrument de votre paix» comme le désire saint François dans la première ligne de sa célèbre prière. Grimpez les échelons de la conscience humaine en allant du plus bas vers le plus haut. Devenez un être mystique en changeant simplement votre mentalité de celle qui a créé et vécu des problèmes pour devenir celle qui les résout.

Les trois niveaux de conscience

Tout au long de votre vie, vous pouvez vous situer d'après les trois niveaux de conscience suivants. Personne ou presque ne reste tout le temps à un même niveau. Ces niveaux de conscience sont présentés ici en allant du plus bas vers le plus haut.

1. Le premier niveau est la conscience de l'ego. Dans la conscience de l'ego, vous accordez le plus d'importance à votre personnalité et à votre corps. Vous croyez avec une force exceptionnelle à la séparation entre tout le reste des êtres humains et vous, entre tout ce que vous aimeriez attirer dans votre vie et vous, et entre Dieu et vous.

Cette attitude vous met dans un état qui vous oblige à rivaliser pour obtenir votre part comme si votre dessein est d'arriver toujours le premier. Gagner et être le numéro un, voilà ce qui semble le plus important que vous puissiez faire lorsque vous vivez au niveau de la conscience de l'ego. Vous passez beaucoup de temps à mesurer votre succès en vous comparant aux autres.

Si vous avez plus de possessions que les autres, vous avez une meilleure image de vous-même. Avoir plus d'argent que les autres vous donne un sentiment de bien-être. Accumuler davantage de prix et de prestige, et grimper plus haut sur l'échelle administrative, cela vous encourage à vous sentir bien dans votre peau. La conscience de l'ego vous pousse à rivaliser, à comparer, et à conclure que vous êtes le meilleur, donc vous vous concentrez pour courir plus rapidement que les autres et pour avoir meilleure apparence qu'eux. C'est à ce niveau de conscience-là que les problèmes surgissent, que votre paix intérieure ne peut absolument pas exister et que le succès vous échappe, parce que vous êtes toujours en train de vous efforcer d'être ailleurs.

Afin de marcher confortablement le long de ce «kilomètre supplémentaire», vous devez maîtriser cet ego impossible à satisfaire et toujours exigeant. Les sentiments de désespoir, de colère, de haine, d'amertume, de stress et de dépression proviennent de l'anxiété de l'ego et de l'insistance qu'il met à vivre en se comparant à une norme extérieure. Le résultat est l'angoisse de ne pas être à la hauteur ou de ne pas correspondre à cette norme.

En fait, l'ego vous permettra rarement de vous reposer, et il sera de plus en plus exigeant parce qu'il est terrifié à l'idée que l'on vous considère comme un raté. Lorsque vous allez au-delà de l'ego et que vous faites de votre moi supérieur la force dominante dans votre vie, vous commencez à ressentir le contentement et la flamme intérieure de la paix et du succès qui caractérisent ce «kilomètre supplémentaire».

2. Le deuxième niveau est la conscience de groupe. La conscience de groupe est similaire à la conscience de l'ego avec cette différence que vous n'êtes pas le centre d'intérêt de votre vie, et que maintenant vous incluez aussi les autres qui sont des membres de votre tribu ou de votre clan. Vous réprimez votre ego individuel et vous vous joignez à un organisme plus important, l'ego du groupe.

Votre appartenance a trait à votre famille, votre héritage, votre race, votre religion, votre langue, votre affiliation politique, et cætera. On s'attend de vous à ce que vous pensiez et que vous agissiez comme le groupe que l'on vous a attribué. Vous partez en guerre au nom du patriotisme pour tuer d'autres êtres qui ont été conditionnés à faire la même chose. Vous vous identifiez à une ethnie, souvent avec des étiquettes telles qu'Italien, Chinois ou Afro-Américain.

Au niveau de la conscience de groupe, vous vous consacrez souvent à perpétuer des problèmes sociaux tels que la guerre, la brutalité, et la persécution religieuse, qui ont pris naissance dans des hostilités ancestrales, il y a des milliers d'années. Mais cela a aussi un effet sur votre vie quotidienne. Les familles insistent pour que vous adoptiez leur point de vue, que vous détestiez ceux qu'ils détestent, et que vous aimiez ceux qu'ils aiment.

Vous obéissez aveuglément à une entreprise qui fabrique des armes de destruction, un concept auquel vous êtes normalement opposé, mais vous le faites quand même parce que «c'est mon travail». Certains policiers et certains soldats torturent leurs semblables en se comportant encore pire que des criminels ou que les prétendus ennemis qu'ils abhorrent tant.

Votre inhumanité à l'égard de vos congénères est souvent justifiée par la mentalité du groupe. Les membres des clans ou des sociétés se comportent de façon horrible, éperonnés par une mentalité de groupe ou de clan. Bref, ce que le groupe dicte devient votre carte d'identité en tant qu'être humain.

Rappelez-vous que vous ne pouvez pas résoudre un problème avec le même esprit qui l'a créé. Afin de résoudre un problème qui résulte de la conscience de groupe, vous devez changer de mentalité ou continuer à subir les problèmes qui vous hantent. Pour résoudre les problèmes liés à la conscience de groupe, vous devez passer au niveau supérieur.

3. Le troisième niveau est la conscience mystique. Ce niveau de conscience libérée de tout problème se distingue par le sentiment d'être uni plutôt que séparé. Au niveau de la conscience mystique, vous vous sentez uni à chaque individu, à chaque animal, à toute la planète, et à Dieu.

Se sentir uni signifie que vous sentez réellement que nous sommes tous un, et que le mal dirigé vers les autres est vraiment le mal dirigé vers vous. Ici, la coopération supplante la compétition; la haine se dissout dans l'amour, et la joie réduit la tristesse à néant. À ce niveau, vous êtes un membre de la race humaine, et non pas un sous-groupe.

Ici, vous êtes une nation du monde avec une conscience globale, plutôt qu'un patriote dans un pays. Au niveau de la conscience mystique, vous ne vous sentirez séparé d'aucun être et d'aucune chose, et pas de Dieu. Vous ne serez pas ce que vous *possédez*, ce que vous avez *accompli*, ou ce que les autres *pensent* de vous. Vous serez le bien-aimé, et vous aurez changé votre façon de penser! Les problèmes maintenant ne seront que des illusions de l'esprit que vous ne transporterez plus avec vous.

Comme l'a dit le grand humaniste Mahatma Gandhi: «L'homme devient grand précisément dans la mesure où il travaille pour le bien-être de ses semblables.» C'est cela le niveau de la conscience mystique ou de la conscience de Dieu.

C'est un lieu où vous pouvez mener une existence libérée de tout problème en changeant votre mentalité de la conscience de l'ego et de la conscience de groupe pour adopter le niveau supérieur de la conscience mystique. Ici, vous comprendrez réellement ce que Henry David Thoreau a dit dans cette phrase: «Le seul remède à l'amour, c'est d'aimer davantage.»

Le septième secret

«Le bonheur dans votre vie dépend de la qualité de vos pensées... veillez à ne pas envisager de notions qui ne conviennent ni à la vertu ni à une nature raisonnable.»

– Marc-Aurèle

«Dieu ne commande pas de faire de grandes choses, mais seulement de petites choses avec grand amour.»

– Mère Teresa

Il n'y a pas de ressentiments justifiés

Le septième secret

Il n'y a pas de ressentiments justifiés

On entend les gens dire tout le temps: «J'ai le droit d'être bouleversé à cause de la façon dont j'ai été traité. J'ai le droit d'être en colère, d'être blessé, déprimé, triste et plein de rancune.» Apprendre à éviter cette façon de penser est l'un de mes grands secrets pour mener une vie pleine de paix intérieure, de succès et de bonheur. Chaque fois que vous êtes rempli de ressentiments, vous remettez les commandes de votre vie affective aux autres pour qu'ils vous manipulent.

Je me suis rendu compte du pouvoir de cette leçon il y a un grand nombre d'années, alors que j'observais un groupe de 12 personnes qui étaient en réadaptation en raison de leur alcoolisme et de leur dépendance à la drogue. Toutes les 12 personnes avaient l'habitude de blâmer les autres pour leurs faiblesses, en se servant de presque n'importe quelle excuse comme prétexte pour retourner à leurs habitudes autodestructrices. Une affiche fixée au mur de la salle portait ces mots: «Dans ce groupe, il n'y a pas de ressentiments justifiés.»

Quoi qu'un membre du groupe disait à un autre, peu importe à quel point il s'agissait d'affrontements ou d'accusations les plus horribles, on rappelait à chaque personne qu'il n'y a pas de ressentiments justifiés. Vous devez examiner contre qui vous avez du ressentiment et décider si cela vous est utile. Vos ressentiments vous donnent une excuse pour reprendre vos anciennes habitudes. C'est la raison pour laquelle vous en êtes arrivé là!

Pourquoi les ressentiments existent

Vous connaissez peut-être l'émission de télévision populaire qui s'appelle *Who Wants to Be a Millionaire?* (Qui veut être un millionnaire?) Si le concurrent répond à 15 questions à choix multiples, il ou elle gagne 1 000 000 $. On commence par une question qui vaut 100 $, et la personne qui est sur la sellette doit répondre à 5 questions jusqu'à ce qu'elle arrive au niveau de 1 000 $. À ce point, on garantit au concurrent qu'il emportera quelque chose avec lui.

Puis, les questions sont de plus en plus difficiles. Si le concurrent atteint 32 000 $, encore une fois, il a la garantie de pouvoir emporter cette somme. Donc, il y a 2 niveaux critiques qu'il faut atteindre: le niveau des 1 000 $, que l'on atteint en répondant à 5 questions relativement simples; et le niveau des 32 000 $ qui exige que l'on réponde à 5 questions de plus en plus difficiles.

J'ai expliqué les détails de ce programme de télévision pour vous présenter l'idée des 2 niveaux que vous devez atteindre pour pouvoir arriver au niveau de conscience le plus élevé, celui du «million de dollars». Au niveau des 1 000 $, vous apprenez à laisser le blâme derrière vous dans votre vie. Si vous ne le faites pas, vous rentrerez chez vous les mains vides.

Abandonner le blâme signifie que vous n'allez jamais attribuer à quelqu'un la responsabilité de ce que vous avez vécu. Cela signifie que vous êtes prêt à dire: «Je ne comprends peut-être pas *pourquoi* je me sens comme ça, pourquoi j'ai cette maladie, pourquoi je suis une victime, ou pourquoi j'ai eu cet accident, mais je suis prêt à dire sans culpabilité ou ressentiment que ce sentiment m'appartient. Je vis avec, et je suis responsable de sa présence dans ma vie.» Pourquoi faut-il faire cela? Si vous acceptez la responsabilité de ce sentiment, vous aurez au moins la possibilité de prendre aussi la responsabilité de vous en débarrasser ou d'en tirer une leçon.

Si vous êtes responsable d'une toute petite partie (peut-être inconnue) de cette migraine ou de ce sentiment dépressif, alors vous pouvez vous y attaquer, ou découvrir quel est le message qui s'adresse à vous. Si, par contre, quelqu'un ou quelque chose d'autre est responsable dans votre esprit, alors bien entendu vous devez attendre jusqu'à ce qu'*il* change afin que *vous* vous sentiez mieux. Et il y a peu de chances que cela se produise. Donc, au niveau des 1 000 $, il faut abandonner le blâme. Autrement, vous rentrez chez vous sans rien et vous ne pouvez pas participer à des niveaux supérieurs.

Vous devez être prêt à subir un nouveau test au deuxième niveau critique, c'est-à-dire la question de 32 000 $, qui est l'obstacle final que vous devez surmonter pour pouvoir passer dans le royaume plus prestigieux de la réalisation de soi et au niveau plus élevé de conscience, c'est-à-dire le niveau spirituel d'un million de dollars. À ce niveau, vous devez être prêt à réagir à tout ce qui vous arrive avec cette énergie plus rapide et plus puissante que sont l'amour, la paix, la joie, le pardon et la bonté. C'est là le début de ce «kilomètre supplémentaire» peu fréquenté où vous n'avez que de l'amour à donner.

Quelqu'un vous dit quelque chose que vous jugez offensant, et plutôt que de choisir le ressentiment, vous êtes capable de dépersonnaliser ce que vous venez d'entendre et de répondre avec bonté. Vous préférez être bon qu'avoir raison. Vous n'avez pas besoin que les autres aient tort ou d'exercer des représailles lorsqu'on vous a fait du tort. Vous faites ceci par égard pour vous-même. Selon un proverbe chinois: «Si vous comptez poursuivre la vengeance, vous feriez mieux de creuser *deux* tombes.» Vos ressentiments vous détruiront. Ce sont des énergies minimales.

Et le long du «kilomètre supplémentaire», vous ne rencontrerez que des personnes qui ont complètement assimilé ce concept. Ceux qui ne sont pas arrivés à ce niveau sont bien loin derrière vous, dans la foule de tous ceux qui ont été mis hors jeu parce qu'ils n'ont pas pu répondre à une question plus facile, et la plupart se demandent pourquoi ils continuent à rentrer chez eux les mains vides! Et je peux vous assurer qu'ils continuent à blâmer les autres pour cet état de choses.

Premièrement, vous devez oublier le blâme. Ensuite, vous devez apprendre à envoyer de l'amour à tous, plutôt que de la colère et du ressentiment. On raconte l'histoire d'un maître éclairé qui répondait toujours aux explosions de critiques, de jugements, et de dérision par de l'amour, de la bonté et de la paix. L'un de ses disciples lui a demandé comment il arrivait à être si bon et si paisible face à des invectives si peu flatteuses.

Sa réponse a été la question suivante: «Si quelqu'un vous offre un cadeau, et que vous n'acceptez pas ce cadeau, à qui appartient le cadeau?» La réponse vous mène vers ce «kilomètre supplémentaire». Posez-vous la question: *«Pourquoi est-ce que je permettrais à quelque chose qui appartient à quelqu'un d'autre d'être la source de mon ressentiment?»* Comme le dit le titre d'un livre populaire: *«Ce que vous pensez de moi ne me regarde pas.»*

Cessez de chercher des occasions d'être offensé

Lorsque vous vivez à des niveaux ordinaires de conscience ou à des niveaux inférieurs, vous perdez beaucoup de temps et vous dépensez beaucoup d'énergie pour trouver des occasions d'être offensé. Un bulletin de nouvelles, une récession économique, un étranger grossier, une faute de goût, une injure, un éternuement, un nuage noir, n'importe quel nuage, une absence de nuages – presque tout fera l'affaire si vous cherchez une occasion d'être offensé. Le long de ce «kilomètre supplémentaire», vous ne trouverez jamais quelqu'un qui s'adonne à ce genre d'absurdités.

Devenez une personne qui refuse d'être offensée par qui que ce soit, quoi que ce soit, ou n'importe quelles circonstances. Si quelque chose se produit que vous n'approuvez pas, bien entendu vous devez déclarer ce que vous sentez dans votre cœur; et si possible, travailler pour l'éliminer et l'oublier. La plupart des gens fonctionnent à partir de leur ego et ont vraiment besoin d'avoir raison.

Par conséquent, lorsque vous rencontrez quelqu'un qui dit des choses que vous jugez peu appropriées, ou lorsque vous savez qu'ils ont tout à fait tort, oubliez votre besoin d'avoir raison et dites plutôt: «Vous avez raison à ce sujet!» Ces mots mettront fin à l'éventuel conflit et vous libéreront de la nécessité d'être offensé. Votre désir est d'être paisible, non pas d'avoir raison, d'être blessé, en colère, ou plein de rancune. Si vous avez suffisamment foi en vos propres croyances, vous constaterez qu'il est impossible d'être offensé par les croyances et la conduite des autres.

Ne pas être offensé est une manière de dire: «J'ai le contrôle de la façon dont je vais me sentir, et je choisis de me sentir paisible quoi qu'il se passe.» Lorsque vous vous sentez offensé, vous exercez un jugement. Vous jugez que quelqu'un est stupide, insensible, malpoli, arrogant, sans égard ou sot, et ensuite vous êtes bouleversé et froissé par sa conduite. Ce dont vous ne vous rendez peut-être pas compte c'est que lorsque vous jugez une autre personne, vous ne la définissez pas. Vous vous définissez vous-même comme une personne qui a besoin de juger les autres.

Tout comme personne ne peut vous définir par des jugements, vous non plus vous n'avez pas le privilège de définir les autres. Lorsque vous cesserez de juger et que vous deviendrez simplement un observateur, vous connaîtrez cette paix intérieure dont je traite ici. Avec ce sentiment de paix intérieure, vous découvrirez que vous êtes libéré de l'énergie négative du ressentiment, et vous serez capable de mener une vie de contentement. En prime, vous découvrirez que les autres sont beaucoup plus attirés par vous. Une personne paisible attire l'énergie paisible. Vous ne connaîtrez pas Dieu à moins que vous ne soyez en paix, parce que Dieu *est* paix.

Votre ressentiment éloigne littéralement Dieu de votre vie parce que vous êtes tellement occupé à être offensé. Ne pas être offensé signifie éliminer toutes les variations de la phase suivante de votre répertoire de pensées disponibles: «Si seulement vous étiez davantage comme moi, alors je n'aurais pas besoin de me sentir bouleversé maintenant.» Vous êtes comme vous êtes, et les autres autour de vous aussi. Ils ne seront probablement jamais comme vous. Donc cessez de vous attendre à ce que ceux qui sont différents de vous soient comme vous pensez qu'ils devraient être. Ça n'arrivera jamais.

C'est votre ego qui exige que le monde et tous les gens qui l'habitent pensent comme vous pensez qu'ils devraient le faire. Votre moi sacré et plus élevé refuse d'être autre chose que paisible, et il perçoit le monde tel qu'il est, et non pas tel que votre ego aimerait qu'il soit. Lorsque vous réagissez par la haine à la haine dirigée contre vous, vous faites partie du problème, plutôt que de faire partie de la solution qui est l'amour. L'amour ne connaît pas de ressentiments et offre promptement le pardon. L'amour et le pardon vous inspireront à travailler en faveur des choses *pour* lesquelles vous êtes plutôt que contre lesquelles vous êtes.

Si vous êtes contre la violence et la haine, vous lutterez avec votre propre sorte de violence et de haine. Si vous êtes *pour* l'amour et la paix, vous utiliserez ces énergies pour mettre fin à la violence et à la haine. Lorsqu'on a demandé à Mère Teresa de participer à une marche contre la guerre au Viêt-nam, elle a répondu: «Non, je ne le ferai pas, mais quand vous aurez une marche pour la paix, je serai là.»

Un dernier mot à propos du pardon et du ressentiment

Le postulat de presque toutes les pratiques spirituelles est la notion du pardon. C'est ce que Jésus de Nazareth a exprimé sur la croix lorsqu'un soldat romain l'a torturé en lui enfonçant une lance dans les côtes. C'est peut-être la chose la plus salutaire que vous puissiez faire pour débarrasser complètement votre vie des énergies négatives que sont le ressentiment et la vengeance.

Pensez à chacune des personnes qui vous a nui, trompé, escroqué, ou qui a dit des choses désagréables à votre sujet. Votre expérience de ces personnes n'est rien de plus qu'une pensée que vous transportez partout avec vous. Ces pensées de ressentiment, de colère et de haine représentent des énergies débilitantes qui vous ralentissent et sapent vos forces. Si vous pouviez vous en libérer, vous connaîtriez beaucoup plus de paix.

Il faut que vous appreniez à pardonner pour deux raisons. La première est de faire savoir aux autres que vous ne souhaitez plus vivre dans un climat d'hostilité avec eux; et la deuxième, est que vous voulez vous libérer de l'énergie autodestructrice du ressentiment. Le ressentiment est comme le poison qui continue à se déverser dans vos veines, continuant à faire ses dégâts bien longtemps après la morsure du serpent. Ce n'est pas la morsure qui vous tue; c'est le venin. Vous pouvez éliminer le venin en prenant la décision d'abandonner les ressentiments.

Envoyez de l'amour sous une certaine forme à ceux qui selon vous vous ont fait du tort et remarquez à quel point vous vous sentez mieux, combien vous vous sentez plus en paix. C'est un acte de profond pardon que j'ai fait à l'égard de mon propre père, que je n'ai jamais vu et à qui je n'ai jamais parlé, qui a transformé complètement ma vie et m'a fait passer d'un niveau de conscience ordinaire à un niveau de conscience plus élevé, et à des réalisations et des succès qui ont dépassé toutes mes espérances.

En effet, il n'y a pas de ressentiments justifiés, si vous souhaitez parcourir ce «kilomètre supplémentaire» et savourer la paix intérieure et le succès à chacun de vos pas.

Le huitième secret

«Il est nécessaire au bonheur de chaque homme qu'il soit mentalement fidèle à lui-même.»

– Thomas Paine

«Premièrement, dites-vous ce que vous voudriez être, et ensuite faites ce que vous avez à faire.»

– Épictète

Traitez-vous comme la personne que vous aimeriez être

Le huitième secret

Traitez-vous comme la personne que vous aimeriez être

Quel que soit l'avenir que vous imaginez pour vous-même, si élevé ou impossible qu'il puisse vous sembler maintenant, je vous encourage à commencer à vous comporter comme si ce que vous aimeriez être était déjà une réalité. C'est une façon merveilleuse de mettre en mouvement les forces qui collaboreront à faire de vos rêves une réalité.

Pour activer les forces créatrices qui sommeillent en vous, vous devez aller dans le monde invisible, le monde au-delà de votre forme. C'est là que ce qui n'existe pas pour vous dans votre monde de forme sera créé. Vous pouvez y penser de cette façon: dans votre monde de forme, vous recevez de l'*in-formation*. Lorsque vous passez à l'esprit, vous recevez l'*in-spiration*. C'est ce monde de l'inspiration qui vous guidera et vous donnera accès à ce que vous aimeriez obtenir dans votre vie.

Que signifie devenir inspiré

Certains des meilleurs conseils que je n'ai jamais lus ont été rédigés il y a 2 000 ans par un grand gourou nommé Patanjali. Il a expliqué à ses disciples comment devenir inspiré. Vous vous rappelez que le mot *inspiré* vient du mot *esprit*. Patanjali a suggéré à ses disciples que l'inspiration a besoin d'un esprit qui transcende toutes les limites, de pensées qui brisent tous leurs liens, et d'une conscience qui s'étend dans toutes les directions. Voici comment vous pouvez être inspiré.

Dirigez vos pensées sur ce que vous aimeriez devenir: un artiste, un musicien, un informaticien, un dentiste, ou quoi que ce soit. Dans vos pensées, commencez à vous imaginer avec toutes les qualités nécessaires pour exercer ces professions. Les doutes sont exclus. Seule une connaissance est permise. Ensuite commencez à agir comme si ces qualités étaient déjà réalité.

En tant qu'artiste, votre vision vous permet de dessiner, de visiter des musées des beaux-arts, de converser avec des artistes célèbres, et de vous immerger dans le monde de l'art. En d'autres termes, vous commencez à *agir* comme un artiste dans tous les aspects de votre vie. Ainsi, vous devancez l'avenir et vous prenez en main votre propre destin au même moment où vous cultivez l'inspiration.

Plus vous vous visualiserez comme la personne que vous aimeriez devenir, plus vous serez inspiré. Les forces inactives décrites par Patanjali s'éveillent, et vous découvrez que vous êtes une personne dotée de beaucoup plus d'envergure que vous ne l'aviez jamais rêvé. Imaginez cela – des forces inactives qui étaient mortes ou inexistantes, qui jaillissent à la vie et collaborent avec vous parce que vous êtes inspiré et que vous agissez comme si ce que vous désirez était déjà là !

En ayant le courage de vous déclarer comme une personne qui a déjà atteint son but, vous allez presque vous forcer à agir d'une nouvelle façon plus palpitante et plus spirituelle. Vous pouvez aussi mettre ce principe en application dans d'autres domaines que la vocation de votre choix. Si vous menez une vie de privations, et que toutes les belles choses que possèdent un grand nombre de personnes ne sont pas votre lot, il est peut-être temps de changer votre façon de penser, et d'agir comme si elles sont déjà à vous.

Visualisez la belle automobile dont vous rêvez et fixez son image sur la porte de votre chambre, ainsi que sur celle du réfrigérateur. Et tandis que vous y êtes, collez-la aussi sur le tableau de bord de la voiture que vous conduisez maintenant! Allez visiter une salle d'exposition, asseyez-vous dans la voiture de vos rêves, et respirez le bel arôme de voiture neuve qui s'en dégage. Passez vos mains sur les sièges, et agrippez le volant.

Faites-le tour de votre voiture, en appréciant la beauté de ses lignes. Faites un essai routier avec votre voiture, et pensez que vous avez le droit de conduire cette voiture, que sa beauté vous inspire, et qu'elle trouvera un moyen de faire partie de votre vie. D'une certaine façon, c'est votre voiture. Parlez aux autres de votre amour pour cette voiture. Lisez des articles à son sujet. Faites surgir une image de votre voiture sur l'écran de votre ordinateur, et gardez-la afin de la regarder chaque fois que vous vous en approchez.

Tout cela peut vous sembler assez bébête, mais lorsque vous serez inspiré et que vous agirez comme si ce que vous désirez vous appartient déjà, vous activerez ces forces inactives qui vont collaborer pour faire de votre rêve une réalité.

Faites partout place à l'inspiration

Vous traiter de la façon que je viens de décrire peut devenir une habitude. Cela ne signifie pas qu'il y a tromperie ou arrogance de votre part, ou désir de blesser les autres. C'est une entente tacite entre Dieu et vous, dans laquelle vous travaillez discrètement en harmonie avec les forces de l'univers pour que vos rêves deviennent réalité. Pour cela, il faut que vous sachiez que le succès et la paix intérieure sont votre droit de naissance, votre patrimoine, que vous êtes un enfant de Dieu, et que pour cette raison, vous avez le droit de mener une vie de joie, d'amour et de bonheur.

Dans vos relations avec l'homme ou la femme que vous aimez, vos collègues, et votre famille, agissez comme si ce que vous aimeriez voir se concrétiser dans ces relations était déjà là. Si vous voulez de l'harmonie dans votre milieu de travail, entretenez une vision claire et une attente de cette harmonie.

Ensuite, vous devancez votre journée, en imaginant que dix-sept heures arrivent paisiblement pour tout le monde alors qu'il n'est encore que sept heures et demie du matin. Chaque fois que vous avez affaire à un collègue, votre vision de dix-sept heures de l'après-midi jaillit dans votre tête, et vous agissez d'une façon paisible et harmonieuse afin de ne pas contrecarrer ce que vous savez qui est sur le point de se réaliser. En outre, vous agissez avec tous comme si, eux aussi, sont déjà ce qu'ils sont capables de devenir.

Ce genre d'attente vous permettra de dire: «Je suis sûr que tout sera prêt cet après-midi», plutôt que: «Vous êtes toujours en retard avec tout, et j'aimerais bien que vous commenciez à accélérer le rythme.» Lorsque vous traitez les autres de cette façon positive, ils réaliseront le destin que vous leur avez suggéré.

Dans votre famille, et plus particulièrement avec vos enfants, il est important d'avoir toujours cette petite pensée à l'esprit: *Il faut les surprendre en train de faire des choses bien.* Rappelez-leur souvent leur intelligence inhérente, leur faculté d'assumer des responsabilités, leurs talents innés et leurs capacités fantastiques.

Traitez-les comme s'ils étaient déjà responsables, intelligents, attirants et honorables. «Tu es tellement formidable, je suis certain que tu seras très content de ton entrevue.» «Tu es tellement intelligent, je savais que tu étudierais et que tu aurais d'excellentes notes à cet examen.» «Tu es toujours relié à Dieu, et Dieu ne fait pas dans la maladie. Tu vas te sentir beaucoup mieux demain à la même heure.»

Lorsque vous agissez envers vos enfants, vos parents, vos frères et soeurs, et même envers vos parents plus éloignés comme si la relation était excellente et qu'elle allait le rester; et que vous leur faites remarquer leurs qualités plutôt que leurs maladresses, c'est leurs qualités que vous verrez se manifester. Dans votre relation privilégiée, quelle que soit la personne qui joue ce rôle, soyez sûr de mettre en application ce principe aussi fréquemment que vous le pouvez.

Si les choses ne vont pas bien, posez-vous la question suivante: *«Est-ce que je traite cette relation comme elle est, ou comme je voudrais qu'elle soit?»* Alors, comment voulez-vous qu'elle soit? Paisible? harmonieuse? mutuellement satisfaisante? respectueuse? aimante? Bien sûr que oui. C'est pourquoi, avant votre prochaine rencontre, imaginez la relation de cette façon. Ayez des attentes qui se concentrent sur les qualités de paix intérieure et de succès.

Vous vous apercevrez que vous soulignez ce que vous aimez dans cette personne plutôt que ce que vous n'aimez pas. Vous verrez aussi l'autre personne réagir avec de l'amour et de l'harmonie plutôt qu'avec amertume. Votre capacité de devancer l'avenir et de voir les résultats avant qu'ils n'aient lieu vous fera agir de telle façon que vous produirez ces résultats.

Cette stratégie de vie s'applique à presque tout. Avant de parler en public, je visualise toujours l'assistance comme si elle est composée de personnes aimantes, encourageantes, et vivant une expérience sensationnelle. Avant de me mettre à écrire, je m'imagine sans blocage de l'écrivain, inspiré, et spirituellement guidé à tout moment. Comme nous le rappelle *A Course in Miracles*: «Si vous saviez qui marche à côté de vous à tout moment, vous n'auriez plus jamais peur.» C'est l'aspect essentiel de l'inspiration, et il faut aussi voir l'avenir sous les couleurs que vous voulez, et puis agir exactement en conformité.

Synchronisme et inspiration

Il n'y a pas de coïncidences. Tout ce qui coïncide est censé être parfaitement compatible. Vous vous déplacez dans l'esprit et vous vous sentez inspiré parce que vous activez les forces de l'univers afin qu'elles se mettent au travail pour vous. Étant donné que tout est guidé par l'Esprit, il y a beaucoup moins d'intervalles entre vos pensées et leur concrétisation. Lorsque vous dirigerez votre énergie de plus en plus sur ce que vous avez l'intention de voir se manifester, vous commencerez à voir ces intentions se concrétiser.

Vous penserez à une personne en particulier, et elle apparaîtra «mystérieusement». Vous ne trouvez pas un livre dont vous avez besoin pour vos études, et il vous arrivera par messager «mystérieusement». Vous pensez que vous avez besoin d'informations pour vos vacances, et vous les recevrez «mystérieusement» par le courrier. Tous ces prétendus mystères seront bientôt perçus par vous comme faisant partie du synchronisme de l'univers qui travaille avec vous et avec vos pensées fortement dynamisées.

Vous devez être convaincu que vous pouvez négocier la présence de ces choses en maintenant votre champ d'énergie constamment focalisé avec amour sur ce que vous avez passionnément l'intention de créer. La loi des attractions entre en jeu, et vos pensées deviendront littéralement des forces d'attraction. Au début, cela vous semblera stupéfiant et presque incroyable. À mesure que vous continuerez dans le même esprit et que vous agirez comme si ce que vous désirez vous appartient déjà, vous vous apercevrez que cela devient de moins en moins déconcertant.

Ainsi, relié à Dieu comme vous l'êtes toujours, vous êtes la force divine qui introduit ce synchronisme dans votre vie quotidienne. Vous vous apercevrez très vite que ce à quoi vous pensez s'amplifie; par conséquent, vous ferez de plus en plus attention aux choses auxquelles vous pensez. Ce processus, qui consiste à vous traiter «comme si», commence par vos pensées, a un effet sur vos émotions, et finalement vous pousse à agir.

De vos pensées à vos sentiments, et de vos sentiments à vos actions, tout va réagir affirmativement si vous restez inspiré et que vous devancez l'avenir de façon cohérente avec ce que vous souhaitez devenir. Déclarez que vous êtes un génie, que vous êtes un expert, que vous vivez dans une atmosphère d'abondance, et maintenez cette vision si passionnément que vous ne pourrez rien faire d'autre que d'agir dans ce sens. À mesure que vous agissez, vous envoyez des forces d'attraction qui travailleront pour concrétiser vos actes en se fondant sur vos déclarations.

Traitez chaque personne que vous rencontrez avec la même intention. Célébrez chez les autres leurs plus grandes qualités. Traitez-les tous «comme si», et je vous garantis qu'ils répondront à vos plus grandes attentes. Tout dépend de vous. Si vous croyez que c'est possible ou impossible, dans les deux cas vous aurez raison. Et vous verrez la justesse de vos pensées se manifester partout où vous irez.

Le neuvième secret

«Il n'y a que deux façons de vivre votre vie. L'une comme si rien n'est un miracle. L'autre comme si tout est un miracle.»

– Albert Einstein

«Je vois Dieu dans les visages des hommes et des femmes.»

– Walt Whitman

Chérissez le divin en vous

Le neuvième secret

9

Chérissez le divin en vous

Vous êtes une création divine de Dieu. Vous ne pouvez pas être séparé de ce qui vous a créé. Si vous pouvez penser à Dieu comme à l'océan et vous-même comme à un réceptacle, il vous sera peut-être utile dans les moments de doute ou lorsque vous vous sentirez perdu ou seul de vous rappeler que vous êtes un réceptacle de Dieu. Lorsque vous plongez votre verre dans l'océan, ce que vous retirez est un verre de Dieu. Ce n'est pas aussi grand ni aussi fort, mais c'est quand même Dieu. Tant que vous refuserez de croire autrement, vous ne vous sentirez pas séparé de Dieu.

Pensez à une goutte d'eau de cet océan d'abondance qui, elle, est séparée de sa source. Séparée de sa source, cette gouttelette d'eau va finalement s'évaporer et retourner à sa source. Là où je veux en venir c'est que tant qu'elle est sous sa forme liquide, coupée de sa source, elle perd le pouvoir de sa source. C'est là l'essentiel du secret selon lequel il faut chérir le divin en vous.

Pendant que, dans votre esprit, vous êtes séparé de votre source, vous perdez votre pouvoir divin, le pouvoir de votre source. Tout comme la goutte d'eau, vous aussi vous changerez de forme et finalement vous retournerez à votre source. Tant que vous êtes coupé de Dieu, vous perdez le pouvoir de votre source, qui est le pouvoir illimité de créer, d'être miraculeux, et de connaître la joie d'être en vie. La goutte d'eau, séparée de sa source divine, symbolise votre ego.

Qu'est-ce que votre ego?

Votre ego n'est rien d'autre qu'une idée que vous transportez avec vous partout où vous allez. Cette idée vous dit que vous êtes la somme de ce que vous possédez, de ce que vous faites, et de qui vous êtes. Votre ego insiste sur le fait que vous êtes un être distinct, que votre personnalité et votre corps sont votre essence, et que vous êtes en concurrence avec tous les autres ego afin de vous emparer de votre part du gâteau, qui est limité et qui a une fin.

Par conséquent, l'ego affirme que vous devez vous méfier des autres qui veulent eux aussi ce à quoi ils ont droit. Donc, l'ego vous pousse à croire qu'il y a des ennemis dont vous devez vous méfier à tout moment. Étant donné que vous êtes séparé d'eux, vous devez refuser de coopérer avec eux de crainte qu'ils ne vous trompent. Le résultat est que vous devez vous méfier de tout le monde!

Votre ego vous dit aussi que vous êtes séparé de tout ce qui vous manque dans votre vie, et vous devez donc dépenser beaucoup d'énergie pour poursuivre ce qui vous manque. En outre, parce que selon votre ego vous êtes votre corps et votre personnalité, vous êtes séparé de Dieu. Dieu est hors de vous, une force qu'il faut craindre comme toutes ces autres forces extérieures qui tentent de vous contrôler. Donc, vous suppliez cette force extérieure de vous fournir des pouvoirs spéciaux qui vous permettront de vaincre tous ces autres ego qui font tant d'efforts pour s'emparer de ce qui vous appartient de droit.

Votre ego vous garde dans un état constant de peur, d'inquiétude, d'anxiété et de stress. Il vous implore d'être meilleur que tous ceux qui vous entourent. Il vous supplie de pousser plus fort, et de mettre Dieu de votre côté. Bref, il maintient votre séparation d'avec Dieu et vous permet d'être terrifié par votre propre divinité.

Ouvrez les bras à votre divinité

Il n'y a pas de lieu où Dieu n'est pas. Rappelez-vous cette phrase chaque jour. Il a été dit que Dieu dort dans les minéraux, se repose dans les végétaux, marche avec les animaux, et pense dans notre tête. Pensez à Dieu comme à une présence plutôt qu'à une personne – une présence qui permet à une graine de germer, qui déplace les étoiles dans le ciel, et simultanément qui remue une pensée dans votre esprit.

C'est aussi une présence qui fait pousser l'herbe et vos ongles au même moment. Cette présence est partout; par conséquent, elle doit aussi être en vous! Et si elle est partout, elle doit être dans tout ce que vous croyez qui manque dans votre vie. D'une façon inexplicable, vous êtes déjà relié à tout ce que vous aimeriez attirer dans votre vie par la présence de cet Esprit universel et omnipotent appelé Dieu.

Vous avez peut-être lu un ouvrage sur ce grand saint appelé Sai Baba, qui vit en Inde. Il semble posséder les pouvoirs magiques de la manifestation instantanée, sa présence semble guérir les malades, et il communique un sentiment de béatitude divine et de paix à tous ceux qu'il rencontre. Un reporter occidental lui a demandé: «Êtes-vous Dieu?» Satya Sai Baba a répondu sans hésiter: «Oui, je suis Dieu», à ces mots toutes les personnes de l'assistance ont eu l'air sidéré. Puis, après une brève pause, il a continué en disant: «Et vous l'êtes aussi. La seule différence entre vous et moi», a-t-il dit, «c'est que moi je le sais et vous vous doutez.»

Vous êtes un morceau de Dieu. Vous êtes une création divine – un être de lumière qui est arrivé ici sous forme d'être humain au moment précis où vous étiez censé arriver. Votre corps partira aussi à un moment précis également. Mais vous n'êtes pas ce corps que vous pouvez voir, pas plus que vous n'êtes sa personnalité ou aucune de ses possessions ou de ses accomplissements.

Bien plus, vous êtes le bien-aimé. Un miracle. Une partie de la perfection éternelle. Une partie de l'intelligence divine qui soutient tout et tout le monde sur cette planète. Dans un monde dans lequel cette intelligence divine crée tout, il ne peut pas y avoir d'accidents. Chaque fois que vous ressentez la peur, le rejet de vous-même, l'anxiété, la culpabilité, ou la haine, vous niez votre divinité et vous succombez aux influences de cet insidieux ego qui vous a convaincu que vous êtes séparé de Dieu.

L'écrivain U.S. Anderson a écrit un livre inspirant, il y a un bon nombre d'années, appelé *Three Magic Words* (Trois mots magiques). Monsieur Anderson traitait de la capacité de devenir un faiseur de miracles et de réaliser l'idéal de la promesse faite par Jésus-Christ: «Même le plus insignifiant parmi vous peut faire tout ce que je fais et même de plus grandes choses.»

En fait, l'auteur ne révèle les trois mots magiques qu'à la fin du livre, et le lecteur découvre que les mots sont *Vous êtes Dieu.* Non pas Dieu au sens de «au-dessus de tous les autres et meilleur que n'importe qui», mais au sens d'être éternellement relié à votre source, au pouvoir toujours présent de l'amour qui ne vous abandonne jamais et ne se tarit jamais. Vous pouvez vous fier à cette source, si vous vous rappelez que vous en faites partie à tout moment.

Le dixième secret

«Croyez que la vie vaut la peine d'être vécue, et votre croyance deviendra une réalité.»

– William James

«Rien n'existe avant de prendre forme dans nos pensées.»

– William Shakespeare

La sagesse consiste à éviter toute pensée affaiblissante

Le dixième secret

La sagesse consiste à éviter toute pensée affaiblissante

Chacune de vos pensées peut être évaluée du point de vue de la force ou de la faiblesse qu'elle vous apporte. En fait, il y a un simple test musculaire que vous pouvez faire pour chacune des pensées que vous avez en ce moment. Voici comment vous y prendre: étendez votre bras vers le côté, et demandez à quelqu'un d'essayer de pousser votre bras vers le bas tandis que vous résistez. Pensez à un mensonge et remarquez que vous êtes beaucoup plus faible que si vous pensez à la vérité. Vous pouvez faire ceci pour n'importe quelle pensée qui suscite une réaction affective.

Dans un livre intitulé *Power vs. Force* (Le pouvoir c. la force), David Hawkins, un médecin, développe cette méthode et propose une carte de la conscience pour montrer comment chacune de nos pensées peut soit nous affaiblir soit nous donner des forces. La vraie sagesse est la capacité de vous surveiller à tout moment pour déterminer l'état relatif de votre faiblesse ou de votre force, et d'écarter les pensées qui vous affaiblissent. Ainsi, vous restez constamment à un niveau optimal d'énergie et de conscience qui empêche vos pensées d'affaiblir chacun des organes de votre corps. Lorsque vous vous servez de votre esprit pour vous dynamiser, vous faites appel à ce qui vous remonte le moral et vous élève l'âme.

Le pouvoir vous invite à vivre et à agir à votre plus haut niveau, et il est compatissant. Par contre, la force fait appel au mouvement. C'est différent du pouvoir, qui est un champ statique qui ne se mobilise jamais contre rien. La force, elle, se mobilise et crée toujours une force contraire.

D'ailleurs, cette force contraire consomme constamment de l'énergie et doit être alimentée. Plutôt que d'être compatissante, la force est associée au jugement, à la concurrence et au contrôle des autres. Par exemple, lors d'un match, vous pensez à vaincre votre adversaire, à être le meilleur, à jouer et à gagner à tout prix.

Toute la structure musculaire de votre corps est en fait affaiblie, parce que les pensées de force vous affaiblissent.

Par contre, si au milieu d'un match vous ne pensez qu'à jouer ou à courir de votre mieux, à utiliser votre force intérieure pour mobiliser l'énergie qui vous permettra d'être aussi efficace que possible, et à avoir un grand respect pour ces capacités que Dieu vous a données, vous serez en réalité en train de vous dynamiser. Une pensée de force exige une force contraire, et la bataille affaiblit, tandis qu'une pensée de pouvoir vous fortifie, parce qu'aucune force contraire ne doit entrer en jeu pour consumer votre énergie. Les pensées de pouvoir vous stimulent, étant donné qu'elles n'exigent rien de vous.

Des pensées qui vous affaiblissent

Si une simple pensée peut affaiblir ou fortifier votre bras, imaginez ce qu'elle peut faire à vos autres muscles et à tous les organes de votre corps! Votre cœur est affaibli par des pensées qui vous rendent passif. Vos reins, votre foie, vos poumons et vos intestins sont tous entourés de muscles qui sont influencés par vos pensées.

La pensée qui affaiblit le plus est la *honte*, qui produit l'humiliation. Je ne peux pas insister assez sur l'importance qu'il y a à vous pardonner à vous-même. Si vous transportez partout avec vous des pensées de honte au sujet de ce que vous avez fait par le passé, vous vous affaiblissez tant physiquement qu'émotionnellement.

De même, si vous vous servez de la technique de la honte et de l'humiliation avec quelqu'un pour obliger *cette personne* à se corriger, vous allez créer une personne affaiblie qui ne sera jamais dynamisée tant que ses pensées de honte et d'humiliation ne seront pas éliminées. Vous débarrasser de vos propres pensées de honte exige que vous soyez prêt à y renoncer, à percevoir vos comportements passés comme des leçons que vous avez dû apprendre, et à vous relier à votre source au moyen de la prière et de la méditation.

Après la honte, *la culpabilité et l'apathie* sont les pensées qui vous affaiblissent le plus. Elles produisent le blâme et le désespoir. Vivre dans la culpabilité c'est gaspiller le moment présent en étant paralysé par ce qui a déjà été révélé. Aucune quantité de culpabilité ne pourra effacer ce qui a été fait. Si votre comportement passé vous pousse à tirer des leçons de vos erreurs, ce n'est pas de la culpabilité; ça s'appelle apprendre quelque chose du passé. Mais croupir dans le moment présent en pensant à vos prétendues erreurs c'est de la culpabilité, et cela ne sert à rien.

Renoncer à la culpabilité équivaut à se débarrasser d'un énorme poids qui pèse sur vos épaules. On se débarrasse de la culpabilité au moyen de pensées dynamisantes d'amour et de respect de soi. On se dote de pouvoirs au moyen de l'amour et du respect, on abandonne des critères de perfection et on refuse de gaspiller cette précieuse substance qu'est la vie, ce «maintenant», à cause de pensées qui continuent uniquement à frustrer et à affaiblir. Au lieu de cela, on peut jurer d'être meilleur qu'on ne l'a été, ce qui est le signe distinctif de la noblesse.

L'apathie crée le désespoir. Ce sont des pensées qui vous empêchent de vous engager dans la vie. L'apathie naît de l'apitoiement sur soi et du besoin d'être constamment distrait pour éviter l'ennui. Vous ne serez jamais apathique ou seul si vous aimez la personne avec qui vous vous trouvez. Chaque moment de chaque journée présente un nombre illimité de possibilités de vivre pleinement et d'être relié à la vie. Vous n'avez pas besoin d'une télévision ou d'une radio qui braille constamment à plein volume pour éviter l'apathie. Vous avez votre propre esprit, qui est le royaume de potentialités illimitées.

Chaque jour, vous avez le choix de vous réveiller et de dire: «Bonjour, mon Dieu» ou «Mon Dieu, le jour!» C'est toujours un choix. Tous les moments que vous remplissez de pensées faites d'ennui et d'apathie vous affaibliront vraiment physiquement, émotionnellement et spirituellement. En ce qui me concerne, c'est une insulte à ce merveilleux univers rempli de centaines de millions de miracles que de se permettre de nourrir des idées d'ennui ou d'apathie.

Les autres pensées importantes qui rivalisent pour vous affaiblir sont la peur et la colère. Ces deux catégories de pensées emploient la force, qui produit une force contraire et un climat intérieur de tension et de faiblesse. Lorsque vous avez peur, vous vous éloignez de l'amour. Rappelez-vous que «la parfaite charité bannit la crainte.» Ce que vous craignez, vous blesse et finalement deviendra de la haine. Donc, la dichotomie de la haine et de la peur sont au travail en vous, vous affaiblissant sans cesse.

Chaque pensée de crainte vous éloigne de votre but, et simultanément vous affaiblit. Vos pensées de crainte vous invitent à l'immobilité. Lorsque vous vous trouvez dans cet état, arrêtez-vous immédiatement et invitez Dieu à entrer en scène. Remettez votre crainte à votre Associé Principal en disant ces mots: «Je ne sais pas comment traiter ce sentiment, mais je sais que je suis relié à Toi, force miraculeuse et créatrice de cet univers. Je vais me débarrasser de mon ego et te Le remettre.» Essayez ça. Vous serez surpris de voir à quelle vitesse cette énergie optimale de l'amour va anéantir et dissoudre vos craintes et vous dynamiser simultanément.

De même, la colère est une réaction émotive à des pensées qui disent: «Je veux que le monde soit comme je le veux, et non pas comme il est; par conséquent, je suis en colère.» On justifie souvent la colère en disant que c'est un sentiment normal, mais elle va toujours vous affaiblir; et comme ce dixième secret vous le rappelle, la sagesse consiste à éviter toutes les pensées qui vous affaiblissent.

Vous n'avez pas besoin d'être en colère pour redresser un tort ou pour améliorer le monde. Lorsque vous devenez une personne paisible, vous n'avez que de la paix à donner. Les moments de frustration ne vont pas déclencher la colère; ils vous aideront à faire une prise de conscience, et ensuite ils vous pousseront à trouver une solution.

Chaque pensée de colère vous éloigne de l'amour et vous plonge dans la violence et la vengeance, qui sont des forces qui aiguillonnent les forces contraires, et qui affaiblissent toutes les personnes intéressées. Toutes ces pensées de honte, de culpabilité, d'apathie, de crainte et de colère sont des énergies, puisque tout dans notre univers est une fréquence vibrante. Celles qui vous affaiblissent sont des fréquences basses ou lentes, et elles ne peuvent être éliminées qu'en présence des fréquences de l'Esprit qui sont hautes et rapides.

Les pensées qui vous fortifient

Lorsque vous échangez une pensée qui a une très basse vibration d'énergie pour une pensée qui a une plus haute fréquence, vous passez de ce qui est faible à ce qui est fort. Lorsque vous pensez à blâmer les autres, vous êtes affaibli. Et lorsque vous échangez cette pensée pour des pensées d'amour et de confiance envers les autres, vous devenez fort. Vos pensées vous viennent accompagnées d'énergie, donc vous pourriez tout aussi bien choisir celles qui vous donnent des forces.

Une fois que vous vous serez rendu compte que les choses auxquelles vous pensez sont la source de votre expérience de la réalité, alors vous commencerez à faire plus attention à ce à quoi vous pensez à n'importe quel moment donné.

Il y a un bon nombre d'années, au cours d'un programme de radio extrêmement populaire appelé *The Strangest Secret* (Le secret le plus étrange), Earl Nightingale a enseigné à un grand nombre d'entre nous que nous devenons ce que nous pensons toute la journée. Vos pensées déterminent si vous allez être dynamisé ou affaibli – si vous serez heureux ou triste, si vous allez réussir ou pas.

Tout est une pensée que vous transportez partout avec vous. Les pensées heureuses créent des molécules heureuses. Votre santé est déterminée en grande partie par vos pensées. Pensez passionnément que vous n'allez pas attraper un rhume, et votre corps réagira à vos pensées. Refusez d'accepter les pensées de fatigue, de décalage horaire ou de migraine, et votre corps réagira à vos pensées.

Votre esprit dit à votre corps de produire les substances dont il a besoin pour rester en bonne santé. Donnez à quelqu'un une pilule de sucre et faites-lui croire que c'est un médicament contre l'arthrite, et le corps de cette personne va remplacer le placebo par une production accrue d'énergies antiarthritiques. L'esprit est un instrument puissant pour créer la santé. Il crée aussi des relations divines, l'abondance, l'harmonie dans les affaires – et même des endroits de stationnement! Si vos pensées sont focalisées sur ce que vous voulez attirer dans votre vie, et que vous maintenez cette pensée avec la passion d'une intention absolue, vous finirez par agir en fonction de cette intention, parce que l'ancêtre de chacune de nos actions est une pensée.

Les pensées les plus dynamisantes que vous puissiez avoir sont des pensées de paix, de joie, d'amour, d'acceptation et de bonne volonté. Ces pensées ne créent pas de force contraire. Lorsque vous accepterez de permettre au monde d'être comme il est, vous ferez naître des pensées de pouvoir, de joie et d'amour. Ensuite, vous serez dans un état de béatitude intérieure où la sérénité remplace la lutte, la considération pour tout ce qui vit remplace la cupidité et l'anxiété, et la compréhension supplante le mépris. Vous devenez un optimiste. Plutôt que d'avoir un verre à moitié vide, il sera toujours à moitié plein.

Tout cela n'est rien d'autre qu'une décision consciente de votre part de maîtriser vos pensées. Prenez conscience à n'importe quel moment de votre vie que vous avez toujours le choix des pensées auxquelles vous permettez de pénétrer dans votre esprit. Personne d'autre ne peut y mettre une pensée. Quelles que soient les circonstances dans lesquelles vous vous trouvez, *c'est à vous de choisir.* Choisissez de remplacer les pensées qui vous rendent passif, qui vous paralysent, et qui vous affaiblissent par des pensées à haute fréquence spirituelle.

N'essayez pas de vous convaincre que c'est impossible ou que c'est plus facile à dire qu'à faire. Votre esprit vous appartient et c'est à vous de le contrôler. C'est vous qui créez et qui sélectionnez vos pensées. Vous pouvez en changer chaque fois que vous le désirez. C'est votre bienfait du ciel, votre coin de liberté que personne ne peut vous enlever. Personne ne peut contrôler vos pensées sans votre consentement. Donc, choisissez d'éviter les pensées qui vous affaiblissent, et vous connaîtrez la vraie sagesse. *C'est à vous de choisir!*

À propos de l'auteur

Le **Dr Wayne W. Dyer** est un auteur et un conférencier de réputation internationale qui se spécialise dans le domaine de l'épanouissement personnel. Il a produit de nombreux livres qui ont été des succès de librairie, ainsi que des cassettes audio et des vidéos; et il a participé à des milliers d'émissions de télévision et de radio, et notamment *The Today Show*, *The Tonight Show* et *Oprah*.

CHEZ LE MÊME ÉDITEUR:

Liste des livres:

52 cartes d'affirmations, *Catherine Ponder*

52 façons de développer son estime personnelle et sa confiance en soi, *Catherine E. Rollins*

52 façons simples de dire «Je t'aime» à votre enfant, *Jan Lynette Dargatz*

1001 maximes de motivation, *Sang H. Kim*

Accomplissez des miracles, *Napoleon Hill*

Agenda du Succès *(formats courant et de poche), éditions Un monde différent*

Aidez les gens à devenir meilleurs, *Alan Loy McGinnis*

À la conquête du succès, *Samuel A. Cypert*

À la recherche d'un équilibre: une stratégie antistress, *Lise Langevin Hogue*

Amazon.com, *Robert Spector*

Ange de l'espoir (L'), *Og Mandino*

Anticipation créatrice (L'), *Anne C. Guillemette*

À propos de..., *Manuel Hurtubise*

Apprivoiser ses peurs, *Agathe Bernier*

Arrêtez d'avoir peur et croyez au succès!, *Jean-Guy Leboeuf*

Arrêtez la terre de tourner, je veux descendre!, *Murray Banks*

Ascension de l'âme, mon expérience de l'éveil spirituel (L'), *Marc Fisher*

En route vers la qualité totale par l'excellence de soi, *André Quéré*

En route vers le succès, *Rosaire Desrosby*

Enthousiasme fait la différence (L'), *Norman Vincent Peale*

Entre deux vies, *Joel L.Whitton et Joe Fisher*

Envol du fabuleux voyage (L'), *Louis A. Tartaglia*

Esprit qui anime les gagnants (L'), *Art Garner*

Eurêka! *Colin Turner*

Éveillez en vous le désir d'être libre, *Guy Finley*

Éveillez votre pouvoir intérieur, *Rex Johnson et David Swindley*

Évoluer vers le bonheur intérieur permanent, *Nicole Pépin*

Faites la paix avec vous-même, *Ruth Fishel*

Faites une différence, *Earl Woods et Shari Lesser Wenk*

Favorisez le leadership de vos enfants, *Robin S. Sharma*

Fonceur (Le), *Peter B. Kyne*

Gestion du temps (La), *Danielle DeGarie*

Guide de survie par l'estime de soi, *Aline Lévesque*

Hectares de diamants (Des), *Russell H. Conwell*

Homme est le reflet de ses pensées (L'), *James Allen*

Homme le plus riche de Babylone (L'), *George S. Clason*

Il faut le croire pour le voir, *Wayne W. Dyer*

Illusion de l'ego (L'), *Chuck Okerstrom*

Je vous défie! *William H. Danforth*

Journal d'un homme à succès, *Jim Paluch*

Joy, tout est possible! *Thierry Schneider*

Leader, avez-vous ce qu'il faut?, *John C. Maxwell*

Légende des manuscrits en or (La), *Glenn Bland*

Lever l'ancre pour mieux nourrir son corps, son cœur et son âme, *Marie-Lou et Claude*

Livre des secrets (Le), *Robert J. Petro* et *Therese A. Finch*

Lois dynamiques de la prospérité (Les), *Catherine Ponder*

Magie de penser succès (La), *David J. Schwartz*
Magie de s'autodiriger (La), *David J. Schwartz*
Magie de voir grand (La), *David J. Schwartz*
Maître (Le), *Og Mandino*
Marketing de réseaux, un mode de vie (Le), *Janusz Szajna*
Meilleure façon de vivre (Une), *Og Mandino*
Même les aigles ont besoin d'une poussée, *David McNally*
Mémorandum de Dieu (Le), *Og Mandino*
Mes valeurs, mon temps, ma vie! *Hyrum W. Smith*
Moine qui vendit sa Ferrari (Le), *Robin S. Sharma*
Moments d'inspiration, *Patrick Leroux*
Momentum, votre essor vers la réussite, *Roger Fritz*
Napoleon Hill et l'attitude mentale positive, *Michael J. Ritt*
Naufrage intérieur, le vrai Titanic, *Richard Durand*
Né pour gagner, *Lewis Timberlake et Marietta Reed*
Noni, cet étonnant guérisseur de la nature (Le), *Neil Solomon*
Nous: Un chemin à deux, *Marc Gervais*
Objectif: Réussir sa vie et dans la vie! *Richard Durand*
Oser... L'amour dans tous ses états! *Pierrette Dotrice*
Osez Gagner, *Mark Victor Hansen et Jack Canfield*
Ouverture du cœur, les principes spirituels de l'amour (L'), *Marc Fisher*
Ouvrez votre esprit pour recevoir, *Catherine Ponder*
Ouvrez-vous à la prospérité, *Catherine Ponder*
Paradigmes (Les), *Joel A. Baker*
Pardon, guide pour la guérison de l'âme (Le), *Marie-Lou et Claude*
Parfum d'amour, *Agathe Bernier*
Pensée positive (La), *Norman Vincent Peale*
Pensez du bien de vous-même, *Ruth Fishel*
Pensez en gagnant! *Walter Doyle Staples*

Père riche, père pauvre, *Robert T. Kiyosaki et Sharon L. Lechter*

Père riche, père pauvre (la suite), *Robert T. Kiyosaki et Sharon L. Lechter*

Périple vers la paix intérieure, le chemin de l'amour, *Marie-Lou et Claude*

Performance maximum, *Zig Ziglar*

Personnalité plus, *Florence Littauer*

Plaisir de réussir sa vie (Le), *Marguerite Wolfe*

Plus grand miracle du monde (Le), *Og Mandino*

Plus grand mystère du monde (Le), *Og Mandino*

Plus grand secret du monde (Le), *Og Mandino*

Plus grand succès du monde (Le), *Og Mandino*

Plus grand vendeur du monde (Le), *Og Mandino*

Plus grands coachs de vente du monde (Les), *Robert Nelson*

Pour le cœur et l'esprit, *Patrick Leroux*

Pourquoi se contenter de la moyenne quand on peut exceller?, *John L. Mason*

Pouvoir de la pensée positive (Le), *Eric Fellman*

Pouvoir de la persuasion (Le), *Napoleon Hill*

Pouvoir de vendre (Le), *José Silva et Ed Bernd fils*

Pouvoir magique des relations d'affaires (Le), *Timothy L. Templeton et Lynda Rutledge Stephenson*

Pouvoir triomphant de l'amour (Le), *Catherine Ponder*

Prenez du temps pour vous-même, *Ruth Fishel*

Prenez rendez-vous avec vous-même, *Ruth Fishel*

Prenez de l'altitude. Ayez la bonne attitude!, *Pat Mesiti*

Progresser à pas de géant, *Anthony Robbins*

Provoquez le leadership, *John C. Maxwell*

Puissance d'une vision (La), *Kevin McCarthy*

Quand on veut, on peut! *Norman Vincent Peale*

Que faire en attendant le psy? *Murray Banks*

Qui va pleurer... quand vous mourrez? *Robin S. Sharma*

Réincarnation: il faut s'informer (La), *Joe Fisher*

Relations efficaces pour un leadership efficace, *John C. Maxwell*

Relations humaines, secret de la réussite (Les), *Elmer Wheeler*

Renaissance, retrouver l'équilibre intérieur (La), *Marc Gervais*

Rendez-vous au sommet, *Zig Ziglar*

Retour du chiffonnier (Le), *Og Mandino*

Réussir à tout prix, *Elmer Wheeler*

Réussir grâce à la confiance en soi, *Beverly Nadler*

Rêves d'amour (Les), *Nicole Gratton*

Roue de la sagesse (La), *Angelika Clubb*

Route de la vie (La), *Carolle Anne Dessureault*

Sagesse du moine qui vendit sa Ferrari (La), *Robin S. Sharma*

S'aimer soi-même, *Robert H. Schuller*

Saisons du succès (Les), *Denis Waitley*

Sans peur et sans relâche, *Joe Tye*

Savoir vivre, *Lucien Auger*

Se connaître et mieux vivre, *Monique Lussier*

Secret d'un homme riche (Le), *Ken Roberts*

Secret est dans le plaisir (Le), *Marguerite Wolfe*

Secrets de la confiance en soi (Les), *Robert Anthony*

Secrets d'une communication réussie (Les), *Larry King et Bill Gilbert*

Secrets d'une vie magique, *Pat Williams*

Semainier du Succès (Le), *éditions Un monde différent ltée*

Sommeil idéal, guide pour bien dormir et vaincre l'insomnie (Le), *Nicole Gratton*

S.O.S. à l'amour, *Willard F. Harley, fils*

Souriez à la vie, *Zig Ziglar*

Sports versus affaires, *Don Shula et Ken Blanchard*

Stratégies de prospérité, *Jim Rohn*

Stratégies du Fonceur (Les), *Danielle DeGarie*

Stratégies pour communiquer efficacement, *Vera N. Held*

Stress: Lâchez prise! (Le), *Guy Finley*

Succès d'après la méthode de Glenn Bland (Le), *Glenn Bland*

Succès n'est pas le fruit du hasard (Le), *Tommy Newberry*

Technologie mentale, un logiciel pour votre cerveau (La), *Barbara Berger*

Télépsychique (La), *Joseph Murphy*

Testament du Millionnaire (Le), *Marc Fisher*

Tiger Woods: La griffe d'un champion, *Earl Woods et Pete McDaniel*

Tout est dans l'attitude, *Jeff Keller*

Tout est possible, *Robert H. Schuller*

Un, *Richard Bach*

Une révolution appelée noni, *Rita Elkins*

Vaincre l'adversité, *John C. Maxwell*

Vaincre les obstacles de la vie, *Gerry Robert*

Vente: Étape par étape (La), *Frank Bettger*

Vente: Une excellente façon de s'enrichir (La), *Joe Gandolfo*

Vie est magnifique (La), *Charlie «T.» Jones*

Vie est un rêve (La), *Marc Fisher*

Visez la victoire, *Lanny Bassham*

Vivre au cœur de la tornade, *Diane Desaulniers et Esther Matte*

Vivre Grand: développez votre confiance jusqu'à l'audace, *Thierry Schneider*

Vivre sa vie autrement, *Eva Arcadie*

Votre force intérieure = T.N.T, *Claude M. Bristol et Harold Sherman*

Votre liberté financière grâce au marketing par réseaux, *André Blanchard*

Vous êtes unique, ne devenez pas une copie!, *John L. Mason*

Voyage au cœur de soi, *Marie-Lou et Claude*

Liste des cassettes audio:

Après la pluie, le beau temps!, *Robert H. Schuller*
Arrêtez d'avoir peur et croyez au succès!, *Jean-Guy Leboeuf*
Assurez-vous de gagner, *Denis Waitley*
Atteindre votre plein potentiel, *Norman Vincent Peale*
Attitude d'un gagnant, *Denis Waitley*
Comment attirer l'argent, *Joseph Murphy*
Comment contrôler votre temps et votre vie, *Alan Lakein*
Comment se fixer des buts et les atteindre, *Jack E. Addington*
Communiquer: Un art qui s'apprend, *Lise Langevin Hogue*
Créez l'abondance, *Deepak Chopra*
De l'échec au succès, *Frank Bettger*
Dites oui à votre potentiel, *Skip Ross*
Dix commandements pour une vie meilleure, *Og Mandino*
Fortune à votre portée (La), *Russell H. Conwell*
Homme est le reflet de ses pensées (L'), *James Allen*
Intelligence émotionnelle (L'), *Daniel Goleman*
Je vous défie! *William H. Danforth*
Lâchez prise! *Guy Finley*
Lois dynamiques de la prospérité (Les), (2 parties) *Catherine Ponder*
Magie de croire (La), *Claude M. Bristol*
Magie de penser succès (La), *David J. Schwartz*
Magie de voir grand (La), *David J. Schwartz*
Maigrir par autosuggestion, *Brigitte Thériault*
Mémorandum de Dieu (Le), *Og Mandino*
Menez la parade! *John Haggai*
Pensez en gagnant! *Walter Doyle Staples*
Performance maximum, *Zig Ziglar*
Plus grand vendeur du monde (Le), (2 parties) *Og Mandino*

Pouvoir de l'optimisme (Le), *Alan Loy McGinnis*

Psychocybernétique (La), *Maxwell Maltz*

Puissance de votre subconscient (La), (2 parties) *Joseph Murphy*

Réfléchissez et devenez riche, *Napoleon Hill*

Rendez-vous au sommet, *Zig Ziglar*

Réussir grâce à la confiance en soi, *Beverly Nadler*

Secret de la vie plus facile (Le), *Brigitte Thériault*

Secrets pour conclure la vente (Les), *Zig Ziglar*

Se guérir soi-même, *Brigitte Thériault*

Sept Lois spirituelles du succès (Les), *Deepak Chopra*

Votre plus grand pouvoir, *J. Martin Kohe*

Liste du disque compact:

Mémorandum de Dieu (Le), (deux versions: Roland Chenail et Pierre Chagnon), *Og Mandino*

En vente chez votre libraire ou à la maison d'édition
Prix sujets à changement sans préavis

Si vous désirez obtenir le catalogue de nos parutions,
il vous suffit de nous écrire à l'adresse suivante:
Les éditions Un monde différent ltée
3925, Grande-Allée
Saint-Hubert (Québec), Canada J4T 2V8
ou de composer le (450) 656-2660
ou le téléco. (450) 445-9098
Site Internet: http://www.umd.ca
Courriel: info@umd.ca

transcontinental
IMPRESSION
IMPRIMERIE GAGNÉ